자신의 운명을

아는 원리

정치인

운동선수

기업가

연예인

유명인

서문

　우주의 근원은 과학이 빠른 속도로 밝혀내고 있지만 근원에 도달하기까지
는 아직도 많은 시간이 필요하다. 우주는 태초에 대폭발하여 지금도 계속 가
속 팽창 중이라고 과학계에서 주장하고 있는데 만물은 중력이 작용한다고 말
한다. 그렇지만 이후 우주가 어떻게 변할지는 예상하지 못하고 있다. 그러나
역학원리로 보면 답이 나온다. 태초의 폭발 단계는 목 기운의 작용이고 이후
팽창은 화 기운의 작용이며 중력은 토 기운으로 현재는 화 기운이 토 기운을
압도하는 이유로 우주가 계속 팽창하지만 차츰 토 기운이 우세해지면 팽창을
멈추다가 금 기운에 의해 수축되기 시작하고 종국에는 수 기운에 의해 극히
미세하게 줄어들어 우주가 종말을 맞이하고 다시 대폭발에 의해 우주가 다시
생성될 것이 명확하다. 과학이 입증한 법칙으로 가장 기본적인 원리는 물질
과 에너지는 상호 전환되고 기본 형태는 파동과 입자라는 것이다. 즉 물질의
전 상태는 에너지였으며 그 형상은 파동이라는 것이다. 그런데 그 파동은 마
치 물결과 같이 오르막과 내리막이 있어 태극의 형태를 보이고 이것이 바로
음양과 오행으로 구분되는 것이다. 에너지는 목화로 상승 운동을 하다 토로
응집되고 금수로 하강 운동을 하면서 음과 양의 쌍방향으로 움직인다. 목화
토금수 운동에 음양이 합해지면 자연과 인간의 운명을 예측할 수 있다. 태초
에 시간이 시작하면서 하늘을 먼저 만들고 다음에 땅이 이루어졌으며 마지막
에 인간이 형성되었다. 천간을 갑, 을, 병, 정, 무, 기, 경, 신, 임, 계 10개로 구
분하고 지지는 자, 축, 인, 묘, 진, 사, 오, 미, 신, 유, 술, 해의 12개로 구분하여
배합을 하면 60갑자가 된다. 인간의 경우 생년, 생월, 생일, 생시의 4기둥을 8

자로 배열하니 사주 팔자라 하는 것이다. 이중 일간을 자기 주체로 하고 나머지 7자의 상호 관계를 분석한 결과 경험적으로 모든 인간의 생사화복을 알게 되고 미래를 점칠 수 있게 된 것이다. 그래서 역학 또는 사주팔자는 잡된 철학이 아니라 자연의 원리에 따라 검증을 거친 인문과학이라고 할 것이다.

오행의 근본원리는 상생상극이다. 상생 원리는 목생화, 화생토, 토생금, 금생수, 수생목이고 상극원리는 금극목, 수극화, 목극토, 화극금, 토극수이다. 8자에 붙이는 용어로 바꾸면 나를 생조하면 인성, 내가 생해주면 식상, 내가 극하면 재성, 나를 극하는 것은 관성이 된다. 두 글자의 관계에서 음양이 같으면 편자를 붙이고 음양이 다르면 정자를 붙이며 식상만 음양이 다른 경우 상관이라 하고 같으면 식신이라 붙인다.

또한 지지의 특성이 중요한데 각 12지지는 단일 속성의 오행만 존재하는 것이 아니라 여러 오행이 중첩되어 있다. 〈자〉는 임, 계, 〈축〉은 계, 신, 기, 〈인〉은 무, 병, 갑, 〈묘〉는 갑, 을, 〈진〉은 을, 계, 무, 〈사〉는 무, 경, 병, 〈오〉는 병, 정, 〈미〉는 정, 을, 기, 〈신〉은 무, 임, 경, 〈유〉는 경, 신, 〈술〉은 신, 정, 무, 〈해〉는 무, 갑, 임으로 구성되고 이를 지장간이라 부른다.

사주에서 주로 사용하는 원리는 합충과 십이운성, 십이신살이 있다. 합은 5가지로 갑기합토, 을경합금, 병신합수, 정임합목, 무계합화가 있다. 충은 인신충, 묘유충, 진술충, 사해충, 자오충, 축미충 6가지가 있으며 형은 인사신 삼형, 축술미 삼형, 진진, 오오, 유유, 해해 자형이 있다. 12운성은 일간에 따라 지지에 절, 태, 양, 생, 욕, 대, 녹, 왕, 쇠, 병, 사, 묘를 붙이고 12신살은 년지나 일지를 기준으로 겁살, 재살, 천살, 지살, 년살, 월살, 망신살, 장성살, 반안살, 역마살, 육해살, 화개살을 붙이는데 조견표는 시중 만세력에 자세히 기

재되어 있으니 참조하기 바란다. 공망이라는 이론도 있는 바 갑자, 을축, 병인, 정묘, 무진, 기사, 경오, 신미, 임신, 계유의 갑자순중에는 술, 해가 공망이요, 갑인, 을묘, 병진, 정사, 무오, 기미, 경신, 신유, 임술, 계해의 갑인순중에는 자, 축이 공망, 갑진, 을사, 병오, 정미, 무신, 기유, 경술, 신해, 임자, 계축의 갑진순중에는 인, 묘가 공망이요, 갑오, 을미, 병신, 정유, 무술, 기해, 경자, 신축, 임인, 계묘의 갑오순중에는 진, 사가 공망, 갑신, 을유, 병술, 정해, 무자, 기축, 경인, 신묘, 임진, 계사의 갑오순중에는 오, 미가 공망, 갑술, 을해, 병자, 정축, 무진, 기사, 경오, 신미, 임신, 계유의 갑술순중에는 술, 해가 공망이다. 이러한 공망에 걸리면 원래 자기 힘의 5할 내지 8할을 잃고 무력한 오행이 된다.

또한 운세를 보는 데 중요한 대운수라는 것이 무엇인가를 잠깐 언급하겠다. 대운수는 년간을 보아 남자의 경우 양간, 여자의 경우는 순행하고 그 반대의 경우는 역행하여 입절시기까지의 날수를 계산하는 방식이다. 인간의 최대 수명을 120년으로 보아 10년씩 나누면 대운수가 12개로 나누어진다. 그런데 절기마다는 30일간에 해당하므로 아 30일을 10년간에 배당하면 3일이 1년이 되고 1일은 4개월간을 의미한다. 그 결과 대운수는 10년 단위마다 1에서 11까지의 숫자가 붙게 되는 것이다.

마지막으로 사주 이론의 가장 핵심은 신강, 신약과 용신잡기이다. 일간을 기준으로 동일오행이나 생조하는 세력의 힘이 설기하거나 극하는 관계의 세력보다 강하다면 신강으로 보고 그렇지 않으면 신약이라 한다. 일반적인 사주의 경우 용신은 억강부약과 조후가 가장 기본 원칙으로 한기가 강할 때는 화기를 필요로 하고 화기가 강할 때는 수기를 필요로 한다. 신약은 동류나 생조하는 오행을 쓰고 신강은 설기하거나 상호 극하는 관계의 오행을 사용한다. 이렇게 사주 팔자의 원국을 봐서 꼭 필요해서 사용해야 하는 오행글자를 용신이라 하는 것이다. 예외적으로 강약에 따르지 않고 사주 전체적으로 강한 세력에 따르는 오행으로 용신을 삼기도 한다. 요약하자면 용신을 취하는 우선순위는 첫 번째가 사주의 특수한 구조이고 두 번째는 한난에 따른 조후, 세 번째는 일반적인 사주에서 일간의 강약에 따른 억부이다.

사주원국으로 생명의 장단 여부를 예측할 수 있는 바 원국의 8자의 구성이 한두 가지 오행으로 치우치면 흉한 대운과 세운을 만났을 때 사망할 위험이 매우 크다. 또한 원국에서 한가지 오행이 극히 쇠약하다면 그 오행을 극설하는 운을 만났을 때 그에 해당하는 신체 부위가 극심한 타격을 받으니 생명이 위태로워진다. 한편, 종격사주의 경우 운이 좋을 때는 대귀할 수 있으나 운이 나쁜 시기가 오면 급전직하로 생명을 잃을 수가 있다. 대부대귀할 최상의 사주는 진화격으로 갑기합토격, 을경합금격, 병신합수격, 무계합화격, 정임합목격이 있다.

본 저자는 기본 이론을 세세히 설명하기보다는 기초이론 부분을 독자의 몫으로 남겨두고 실제 살다 간 인물들이나 살아있는 인물을 중심으로 그들의 운세를 해석해서 사주가 인간의 설계도 내지 운명방정식임을 밝혀 보겠다. 인간의 생사화복은 사주원국이 가장 중요하고 상하 5년씩, 10년마다 바뀌는 대운간지와 각 년도마다 들어오는 세운에 의해 정해지는 것이고 시대 상황에 따라 직업의 종류와 재물의 크기가 약간씩 변동하고 의학의 발달로 수명이 좀 더 연장될 수는 있겠다.

정치인

엘리자베스 2세

(1926. 4. 21.~2022. 9. 8.)

이른 나이에 미래의 남편을 결정함

시 일 월 년	[대운]	96	86	76	66	56	46	36	26	16	6
갑 경 임 병		임	계	갑	을	병	정	무	기	경	신
신 진 진 인		오	미	신	유	술	해	자	축	인	묘

경금일간이 진월에 태어나 득령하였고 일시에서도 방조해 주니 신강한 사주이면서 임진과 경진의 괴강 둘을 지니고 있으니 여자이면서도 영국의 왕위를 계승하였다. 년간에 편관 병화가 떠 있으므로 일찍 남자를 알게 되고 권세를 얻게 될 운명이다.

자매가 있으며 1947년 11월 20일 그리스 왕족인 필립과 결혼하였고 1947년부터 1952년까지 군에서 복무하였다. 1947년은 인대운 정해년부터 목생화로 화극금하니 관이 왕해져서 장교로 전쟁에 참여하였으며 1952년은 기대운 임진년에 수생목, 갑기합되니 일간의 설기가 잘 이루어지니 2월 6일 영국여왕과 영연방의 수장에 등극하였다. 식재도 튼튼하니 슬하에 3남 1녀를 두었고 97세까지 장수하다 2022년 임대운, 임인년 기유월에 사망하였다. 임수가 하나만 오면 무난한데 중복이 되니 금이 과다하게 생조받는 중에 용신인 병화가 극쇠해지니 세상을 떠나게 된 것이다.

어린 나이에 부모가 해군에 복무 중인 필립 왕자를 알려줘서 연애편지를 쓰게 된 것이 계기가 되어 결혼에 이르렀다.

*득령: 일간과 동일하거나 생조하는 오행의 계절에 태어남

김일성

(1912. 4. 15. ~ 1994. 7. 8.)

처와 이별하거나 상처할 운

시 일 월 년	[대운]	78	68	58	48	38	28	18	8
병 신 갑 임		임	신	경	기	무	정	병	을
신 유 진 자		자	해	술	유	신	미	오	사

신유일주로 진월에 태어나 득령하였고 지지에서 신자진 삼합국이 되니 병
신합화수격으로 대귀할 사주이다. 그러므로 금수운이 호운이 되고 토운도 토
생금, 금생수로 상생되니 길하다. 상관이 양인이라 무장투쟁을 하였고 정재
에 해당하는 갑진이 백호살이라 처와 해로하지 못하고 병사하거나 이별 후
재혼하였다. 초년 을사, 병오대운은 화운이라 고난의 시기였고 34세 미대운
중 1945년 북한 정권 수립시기부터 대길운이 되어 토금수로 대운이 연속되
니 북한 정권의 일인자가 되어 죽을 때까지 권세를 누렸다. 병신합수로 관성
과 일체가 되니 권력의지가 극강하여 정적들을 무자비하게 숙청하였고 장남
인 김정일에게 정권을 세습시켰다. 처로는 한성희, 김정숙, 홍영숙, 김성애 4

명이며 자녀로 4남 4녀를 두었다. 원국에 화기가 미약하므로 심장에 이상이 올 수 있으며 83세인 1994년 자대운 갑술년에 신유술 금국으로 합세되어 신자진 수국과 상충되니 진토와 술토가 일간 신금의 강력한 뿌리로 자리잡으니 진화격이 깨지면서 금극목하니 목생화가 불발되어 심근경색을 일으킨 결과 사망하게 되었다.

처성(정재)에 해당하는 갑진이 피를 보는 백호의 흉살이기 때문에 처가 여러 번 바뀌었다.

윤석열

(1960. 12. 18.~)
한국의 제20대 대통령

시 일 월 년	[대운]	77	67	57	47	37	27	17	7
병 경 무 경		병	을	갑	계	임	신	경	기
술 진 자 자		신	미	오	사	진	묘	인	축

경진 괴강일 출생이라 우두머리를 지향하고 극단적 성향을 지니고 있다. 상관격에 추운 자월생이고 경금 두 개를 제련해야 하기 때문에 병화용신이라 화운에 대발한다.

경금 일주라 뚝심과 의리가 강하다. 1991년(32세) 묘대운 시지의 술과 묘술합화로 사법시험 합격. 2022년 오대운(63세)시작에 대통령에 당선되었다. 대운이 길하여 선거에서 승리하였는데 2024 갑진년에 진술충으로 큰 사건을 일으키게 되고 2025 을사년은 을경합금으로 용신과 충돌하니 정치적 어려움이 예상된다. 이후 을미대운초 정미년에 임기종료되는데 을경합되고 자미원진, 자진합수, 미술형이 작용하는 운세이다. 그래서 돈이 많은 처가 관재를 당하는 데 세력이 워낙 강해 능히 형벌은 피해 갈 수 있다.

시주가 자식자리인데 병술 백호(대흉)에 진술충이라 자식을 두기 어렵겠다.

한동훈

(1973. 4. 9.~)

검찰로 성공하는 운

시 일 월 년	[대운]	62	52	42	32	22	12	2
신 을 병 계		기	경	신	임	계	갑	을
사 해 진 축		유	술	해	자	축	인	묘

을목이 진월에 태어나 득령을 하지 못했으므로 신약으로 보고 수목을 용한다. 관인상생되므로 금도 희신이 된다. 그동안 수목운이 일간을 도와줘서 행정부의 고위직인 법무부 장관자리까지 차지했고, 2023년도 계묘년으로 수목운이므로 여당의 비상대책위원장을 맡았으며 2024년 현재 경술대운 초기로

당대표에 선출되었는데 관인상생하여 앞으로 2029년까지 5년간은 승승장구할 운세이다.

그런데 가장 궁금한 2027년 대선운을 보면 정미년에 경대운 말에 해당한다. 2025년, 2026년은 대운이 좋은 환경이므로 여당의 실권을 쥘 수 있으나 세운이 병오, 정미이므로 대권을 다툰다면 실패할 가능성이 높다.

원국의 지지에서 사해충이 있어 상관과 인수가 충돌하니 법 지식으로 범죄자를 다그치는 것이다.

박근혜

(1952. 2. 2.~)

결혼할 마음이 없는 경우

시 일 월 년	[대운]	72	62	52	42	32	22	12	2
임 무 신 신		기	무	정	병	을	갑	계	임
술 인 축 묘		유	신	미	오	사	진	묘	인

무인일주가 축월의 아주 추운 시기에 태어나 일간이 약하지 않음에도 불구하고 온기를 필요로 하므로 화를 용신으로 하고 목이 희신, 금수는 기신이 된다. 토는 한기인 수를 극제할 수 있으므로 한신에 해당한다. 12세 계묘대운부터 운이 틔여 아버지를 따라 청와대에서 생활하였고 정미대운까지는 중간에

부모가 총탄에 서거하는 흉액을 맞았으나 편안한 생활을 하였다고 보인다. 1974년은 갑인년이라 좋을 것 같으나 살성이 강해져 목다화식으로 불기운에 해당하는 어머니가 사망했다. 1979년은 진대오 기미년이라 진술충과 축미충이 동시에 발생해 화기가 꺼지니 아버지가 사망하는 사건이 일어났다. 47세 오대운부터는 국회에 입성하여 내리 5선을 하였고 61세 미대운말 임진년에 목의 세력이 강력해지니 대통령에 당선되었다. 그러나 2017년 정유년에 정임합으로 기반이 되고 묘유충을 맞아 임기중 탄핵당하고 법의 심판을 받아 감옥에 수감되는 운명을 맞이하였다.

천간에 상관이 2개나 겹쳐 있어 남편인 관성을 밀어내므로 결혼하지 않았다.

도널드 트럼프

(1946. 6. 14. ~)
실패를 딛고 재기하는 왕 같은 사람

시 일 월 년	[대운]	79	69	59	49	39	29	19	9
기 기 갑 병		임	신	경	기	무	정	병	을
사 미 오 술		인	축	자	해	술	유	신	미

도널드 트럼프는 1946년 6월 14일 미국에서 출생했고 독일계 이민자인 아버지의 부동산 사업을 물려받아 부동산 개발뿐만 아니라 미인대회 주최자,

방송 진행자, 베스트셀러 저자에 미국 대통령까지 지낸 인물이다. 사주 원국을 보면 뜨거운 여름철에 온통 화생토하고 갑기합화토가 되니 종강격도 되고 진화격이니 대부대귀할 운명이다. 갑기합 화토에 사오미화국하고 일점수기가 없는 형세이니 용신이 되는 화가 자식에 해당하고 목을 처로 보아야 한다. 그런데 미중 을목이 사중 경금과 합해서 목의 세력에 속하니 천간 갑과 합해서 처가 셋이고, 자식은 화에 속하는 간지가 병, 사, 미, 오, 술이라 5명의 자식을 두게 되었다. 년지의 술은 겁재로 트럼프의 형이 되는데 병술 백호 자리에 앉은 연유로 알코올 중독이 되어 유대운중 신유년 1981년에 일찍 세상을 떴다.

2016년 대선 시기는 신축대운중 병신년으로 식신과 인성이 싸우는 운이라 엎치락뒤치락하는 형세이지만 결과는 세운천간이 최종 승리를 결정하는 요인으로 병신합화 되어 대통령에 당선되었다. 그 후 4년 뒤의 대선에서는 축대운의 경자년이라 금수기운이 강하여 낙선하게 되고 축술미 삼형살 작용으로 대선불복시위에 연루되었다. 2024년에 트럼프가 다시 대선에 나섰는데 승패를 예측해 보았다. 나이는 78세에 임인대운이고 갑진년이다. 따라서 임병충으로 화기 격발, 강화되고 시간 기토와 갑기합토가 되어 화토가 더욱 강렬해지므로 당선이 확실시된다. 2024년 11월 5일 투표일에 예상대로 확실하게 우위를 점하여 당선되었다.

사업을 하다가 파산을 겪었고 대선에서도 성공과 실패를 모두 맛보고 재선에 성공하였다.

카멀라 해리스

(1964. 10. 20.~)

대권을 차지하려면 관대함이 요구되는 사람

시 일 월 년	[대운]	65	55	45	35	25	15	5
을 임 갑 갑		정	무	기	경	신	임	계
사 인 술 진		묘	진	사	오	미	신	유

　　미국의 현직 부통령이자 2024년 민주당 대통령 후보자이다. 임수 일간이 의지할 데가 없으니 강한 세력에 따라야 한다. 년월지 2개가 토이니 토의 세력에 종하면 화토가 길신이 된다. 목은 경우에 따라 목생화, 화생토 된다면 길하다고 본다. 2024년 현재 진대운 갑진년에 해당하므로 진술충이지만 대운은 확실히 좋은 시기이고 세운이 갑진이라 목극토하면서 동시에 목생화도 하니 평운정도는 되겠다. 일, 시지가 인사형살이라 검찰 계통의 권력기관과 상원의원을 역임하였고 부통령 자리까지 얻었는데 상황이 급변하여 2024년 대선에 출마하게 되었다. 갑이 인과 진에 뿌리를 내리는 해이니 진술충은 급변하는 기회가 닥치나 인사형살을 동반하여 임인일주인 관계로 목생화가 잘 안 되고 형살 작용이 크겠다. 형살을 능히 감당한다면 당선 가능하지만 형살이 과다하면 당선되기 힘들다. 그런데 대통령 자리는 그만큼 직책이 무겁고 진사는 지망에 걸리므로 당선 여부를 판단한다면 낙선이 전망되었고 실제 선거에서도 패배하였다.

형살(형벌에 관여함)의 성향, 즉 검찰 출신을 강조하면 지지 세력을 잃게 되는 사주 구조이다.

반기문

(1944. 6. 13. ~)
국내를 벗어나 세계적 인물이 된 경우

시 일 월 년	[대운]	79	69	59	49	39	29	19	9
임 무 경 갑		무	정	병	을	갑	계	임	신
술 신 오 신		인	축	자	해	술	유	신	미

무토 일간이 득령하고 시지에 뿌리를 내려서 약하지 않다. 높은 산 위에 큰 나무를 심는 것을 목표로 하니 목이 용신이고 수가 희신이 된다. 대운의 흐름을 보면 초년 신미대운은 토생금, 금극목이라 공부는 잘했으나 어려운 생활을 겪었다. 미대운 이후 임신, 계유, 갑술, 을해, 병자운은 수생목하는 운세라 미국에 가서 케네디 대통령을 만나는 행운을 누리기도 하면서 1970년 경술년에 금생수하니 외무고시에 합격하여 외교부에서 순탄한 길을 걷는다. 61세 되는 2004년 갑신년에 외교부 장관에 취임했고 여세를 몰아 64세인 2007년 자수대운에 기신 오화를 충하는 한편 정해년에 정임합목으로 목의 기운을 받으니 유엔 사무총장에 당선되었고 연임까지 하고 국내로 복귀하였다.

월지 오화가 본집에 해당하는데 대운에서 자수가 충하여 해외로 장기간 나가는 일이 발생한다.

룰라 다시우바

(1945. 10. 27.~)

범죄 혐의에서 벗어난 브라질 대통령

시 일 월 년	[대운]	77	67	57	47	37	27	17	7
병 기 병 을		무	기	경	신	임	계	갑	을
인 사 술 유		인	묘	진	사	오	미	신	유

기토 일간이 화토의 강한 세력을 가지고 있으므로 신강한 사주이다. 따라서 년지 유금 식신을 용신으로 써야 해서 금속 노동자로 출발했다. 1969년 (신대운 기유년), 1971년(계대운 계축년)에 재운을 맞아 결혼했으나 2명의 부인 모두 1971년과 2017년 사별했다. 2019년 기해년에 약혼한 부인과 2021년 신축년에 세 번째 결혼을 했다. 사별하게 되는 원인은 일시지가 인사형살을 맞아 처의 건강에 문제가 발생하기 때문이다.

2003년 경대운 계미년을 맞아 금수길운이므로 대통령에 당선되어 2010년 진대운 경인년까지 직을 수행하였다. 2018년 무술년에 화토가 과다해지니 흉운이라 뇌물 수수 혐의로 구속되었으나 2021년 신축년에 병신합거하니 무

혐의 풀려났다. 이후 2022년 임인년에 수운이 희신이 되니 브라질의 대통령으로 재당선되었다.

흉한 오행인 병화를 신금으로 합거하여 화기운을 무력화시킴으로써 뇌물수수 혐의를 벗었다.

빌 클린턴

(1946. 8. 19.~)

관직으로 화려하게 꽃을 피우는 구조

시 일 월 년	[대운]	77	67	57	47	37	27	17	7
계 을 병 병		갑	계	임	신	경	기	무	정
미 축 신 술		진	묘	인	축	자	해	술	유

가을에 을목 일간이 암석이 잔뜩 저장되어 있는 땅에 태양을 강하게 받고 있으니 부족한 수와 목을 보충해 준다면 더 크고 화려한 꽃을 피울 수 있겠다. 지지에 축신술이 있어 금기가 강하니 화운이 와도 그리 나쁠 것이 없다. 천간에 병화 상관이 두 개나 투출해 있으니 화술의 달인이다. 관인상생하면 좋은데 관성인 신금이 귀인에 해당하니 금상첨화이다. 1975년은 30세 되던 해로 대운은 불리했지만 을묘년으로 강력한 목운이 작용하여 재성을 취할수 있으니 결혼에 이르렀다. 1978년은 무오년이라 무계합화되어 무난하였으나

1980년은 경신년이라 너무 금기가 강해져 금으로 을목을 치니 뿌리가 위태로워 낙선한 것이다. 1992년 대선을 치른 해인데 임신년이라 대길하여 대통령에 당선되었고 51세 신대운 병자년에 재선에 성공하였는데 병신합수되어 수생목하니 대길운으로 변한 연유이다. 신축대운중이라 임기 말쯤에 축술형이 작용하여 스캔들을 겪고 수사를 받기까지 하였으나 무사히 넘겼다. 퇴임 후의 대운도 수목운이라 높은 인기와 영향력을 누렸다.

임기 중에 스캔들을 겪기도 하였으나 관성과 상관이 모두 강하여 정치가로서 대성하였다.

버락 오바마

(1961. 8. 4.~)

꽃이 잘 자라는 평지의 형상

시 일 월 년	[대운]	60	50	40	30	20	10
무 기 을 신		기	경	신	임	계	갑
진 사 미 축		축	인	묘	진	사	오

기토일간이 미월에 태어나 화토세력이 대세라 신왕하다. 여름철에 수기도 지지에서 유통되고 작은 땅에 큰 땅이 합쳐지니 꽃이나 곡식을 키우기에 좋은 구조이다. 그래서 목이 용신이고 수가 희신이다. 사미는 오를 협록하고 있

고 미는 암록이라 지지의 도움이 크다. 또한 여름철에 목이 무성하므로 금극목해 주는 것도 바람직하다. 태어나서 10대까지는 갑오대운이라 갑기합토격으로 변하여 나쁘지 않다. 계부를 따라 인도네시아에서 살다가 다시 하와이로 와서 학교에 다니다가 로스앤젤레스의 대학교에 다니게 되었다. 임진대운은 수목이 통근하여 용신이 강해지므로 일리노이주 상원의원에 진출하여 신대운까지 3선을 하였다. 2004년 갑신년에 미연방 상원에 당선되었고 2008년 무자년에 세운이 대운을 토생금하니 대통령에 당선되었다. 기축년에 노벨평화상을 받고 이후 묘대운을 거쳐 경대운 2016년 병신년까지 재임하였다. 임기 말년도 병신합수되니 금생수, 수생목되어 높은 인기도를 유지하다 퇴임했다.

일간이 기토의 평야이고 을목이 꽃이면서 편관에 해당하므로 법률가로서 손쉽게 정계에 진출하여 성공했다.

우원식

(1957. 9. 18.~)
온화한 날씨에 논을 적시는 물의 형상

시 일 월 년	[대운]	64	54	44	34	24	14	4
임 계 기 정		임	계	갑	을	병	정	무
술 사 유 유		인	묘	진	사	오	미	신

계수일간이 사유합금되어 인성이 왕하여 신강하므로 목화가 길신이 되는데 대운의 방향이 간지로 목화가 대세라 중간에 이러움노 섞었지만 정계로 입문하여 5선 국회의원이 되었다. 20대 전반에 미술형살로 강제징집되었다. 1980년대와 90년대에 재야 민주화 운동 단체에서 활동하였으며 1995년도 을해년에 서울시 시 의원으로 당선되면서 본격적으로 정치무대에 진입했다. 2024년 임대운 갑진년이라 정임합목되어 목이 중첩되는 해라 대길하므로 여소야대 상황에서 국회의장이 되었다. 기토가 논밭에 해당되는데 사유금의 암석 위에서 임, 계수가 잘 흐르니 국회에 진출하여 의장까지 역임한다.

유시민

(1959. 7. 28.~)

창작으로 돈 벌어서 정계에 진출함

시 일 월 년	[대운]	77	67	57	47	37	27	17	7
갑 신 신 기		계	갑	을	병	정	무	기	경
오 해 미 해		해	자	축	인	묘	진	사	오

신금일간이 미월에 태어나 득령은 했으나 천간에서 갑기합되고 지지에서 해미합목되고 해오암합하여 목화의 세력이 왕성하게 변하므로 일간이 태약

하게 되었으므로 목화의 세력에 종하는 구조로 보인다. 따라서 토금운은 불리하고 수목화운이 길하다. 2003년 계미년 보궐선거에 당선되어 16대 국회에 입성, 2004년 임오년 17대 국회의원 당선, 2008년 무자년 대구에서 무소속으로 낙선, 2010년 경인년 경기도지사 낙선 후, 2013년 계사년 일시적으로 정계 은퇴를 하였다. 을목대운중 60세인 2018년 무술년 노무현재단 이사장 선임되었으며 진보 진영의 논객으로 작가와 방송활동을 활발히 해오고 있다.

식상생재로 "거꾸로 읽는 세계사"라는 책을 써서 돈을 벌었고 국회에 진출해서 활동하다 현재는 노무현재단의 이사장을 맡고 있다.

김민석

(1964. 5. 29.~)
운동권 대학생으로 형살을 겪음

시 일 월 년	[대운]	63	53	43	33	23	13	3
무 무 기 갑		병	을	갑	계	임	신	경
오 인 사 진		자	해	술	유	신	미	오

무토 일간이 여름철 사월에 태어나 득령하였고 인오합화되니 매우 신왕한 사주이다. 3형제가 있고 천간에서 갑기합토가 성립한다. 따라서 무토일간에 종하는 종왕격이라 볼 수 있고 목생화, 화생토, 토생금으로 순환되면 길운이

되므로 천간에 목운과 수운만 제외하면 나쁜 운세가 들지 않는다. 지지로 오는 수운은 왕신발하므로 오히려 운이 좋아진다. 1985년에 3년간 복역하였는데 임수대운이라 형살을 겪었고 갑술대운에 흉신인 관살운이 진술충을 맞아 법망에 걸려들어 2008년 불법 정치자금 수사로 2015년까지 피선거권 상실과 벌금형이 확정되었다. 2024년 22대 총선에서는 해대운 갑진년이라 사화와 진토가 강화되어 당선의 고지를 밟았다.

국가적인 인물이 되려면 감옥에 가는 것을 두려워해서는 안된다.

이해찬

(1952. 7. 10.~)
높은산에 크게 자란 나무의 형상

시 일 월 년	[대운]	69	59	49	39	29	19	9
갑 무 경 임		계	임	신	경	기	무	정
인 자 오 진		축	자	해	술	유	신	미

여름철의 무토일간이 화가 강하므로 신강에다 수목이 천간에 떠 있으므로 땅이 기름지고 목이 잘 자라는 형세라 재물복도 있고 고위 관직에 오를 수 있는 구조이다. 땅이 너무 뜨거우면 불리하므로 수가 가장 필요하고 금으로 생조해주면 금상첨화이다. 대운을 보면 2대운 후반부터 7대운까지 금수운이 천

간지지로 함께 오므로 정계에 진출해서 실패한 적이 없이 국회와 행정부의 최고위직을 역임하였다.

지지에서 인오합화가 되니 시상일위 편관귀격에 해당하여 실패한 적이 없다.

송영길

(1963. 3. 21.~)

길운중에 충을 맞아 법망에 걸려서 수감됨

시 일 월 년	[대운]	66	56	46	36	26	16	6
임 계 을 계		무	기	경	신	임	계	갑
자 해 묘 묘		신	유	술	해	자	축	인

계해일주가 수기를 유지한다면 신강이 되겠지만 해묘합으로 일부 목으로 변화하니 약간 신약해졌다. 그러나 미세한 차이기 때문에 중화에 근접하는 구조가 되겠다. 원국 전체가 수목으로만 구성되어 오행상 불균형을 보이는데 대운이 도와준다면 큰일을 해볼 수 있는 사주이다. 대운의 천간지지를 보면 금수대운으로 연속되어 일단 신약한 일간을 보충해 주니 좋은 운을 타고나서 학생회장, 변호사를 역임하고 인천광역시장과 5선 국회의원을 지냈다. 2021, 2022, 2023년은 기토대운이라 불리한 운인데 세운이 신축, 임인, 계묘로 유리한 형세이니 절반의 성공밖에 거두지 못한다. 즉, 의원직은 유지하고 대표까

지는 편법을 동원해서 당선되었으나 서울시장 본선에서 낙선하고 대선에서 자당이 패배하는 결과가 벌어졌다. 현재 기유대운중 유대운 갑진년이라 묘유충이 되고 상관운이라 용신운인데도 북구하교 弓 오으로 돌변하였다. 묘유충이라 금극목하는 원리이나 원국의 묘가 을묘동주하고 년지도 묘이니 워낙 강력해서 유금이 깨어지는 사태가 발생하였고, 당내전당대회 돈봉투 수수 건으로 옥중생활을 하게 되었다.

김부겸

(1957. 1. 21.~)
부인이 귀인이 되어 출세에 도움

시 일 월 년	[대운]	75	65	55	45	35	25	15	5
기 계 신 병		기	무	정	병	을	갑	계	임
미 사 축 신		유	신	미	오	사	진	묘	인

계수 일간이 병신합수, 사신합수되니 신강하고 지지 사와 미가 공망에 해당하나 축미충되고 사신합파되니 해공된다.

일지 사가 천을귀인이라 인복이 있어 재관이 높아지겠다. 목화대운에 출세하게 되는데 20세부터 64세까지 목화운이 주도함으로 국회의원 4선에 총리까지 역임하였다. 그러나 세밀히 분석하면 운세의 부침이 있었는데 1980

년 갑진대운은 처음에는 좋아 보이나 갑기합화토 되어 길변위흉되었고 1990년대 을사대운은 을신충, 사축합, 사신합되니 어려움을 겪는 시절이었다. 비로소 2000년대 병오대운에 들어서야 강한 화기가 작용하여 국회에 입성하였다. 2012년과 2014년은 불운했는데 임진년과 갑오년이라 정임합거되고 갑기합토되어 대운의 길 작용을 흉한 세운이 크게 억눌러 선거에 실패하였다. 65세 이후는 기신인 토금운이라 토생금, 금생수 작용을 하니 더 이상의 발전은 기대하기 어렵다.

일지가 귀인이므로 운동권세력인 처가 집안의 도움을 받게 된다.

오세훈

(1961. 1. 4.~)
내적으로 권력욕이 매우 강함

시 일 월 년	[대운]	71	61	51	41	31	21	11	1
정 정 무 경		병	을	갑	계	임	신	경	기
미 유 자 자		신	미	오	사	진	묘	인	축

정화 일간이 신약해서 목화를 필요로 한다. 대운 지지가 목화로 이어지니 사회에서 출세할 구조이다. 초년 기축, 경대운의 청소년기는 화기가 꺼지니 운이 나빠 어려운 생활을 했음이 확실하다.

이후 학업에 충실하여 변호사가 되었고 2000년 계사대운 경진년에 무계합으로 국회의원이 되었으며 2006년 병술년에 용신운이라 서울시장에 당선되었다. 2010년에도 2기 서울시장에 당선되었으나 2011년 갑오대운 신미년에 서울시장을 사퇴하였다. 갑경충으로 목이 깨지기 때문이다. 오대운도 용신운이지만 자오충을 2중으로 받아서 전혀 길운이 못 된다. 그래서 10년 가량을 야인으로 지내다 2016년 병신년과 2020 경자년에 선거에 패하고 을미대운을 맞아 운이 다시 피었다. 기신 경금을 묶고 미토가 수를 극하니 운세가 좋아진다. 2022년은 임인년이라 정임합목이 되고 목생화하여 4선 서울시장이 되었다.

년월지가 모두 자수로 관살이니 편관격이 성립되어 법조계, 정치인의 길을 걸었다.

블라디미르 젤렌스키

(1978. 1. 25.~)
추운 계절에 태어났지만 따뜻함을 원치 않고 권력을 추구함

경 정 계 정	[대운]	67	57	47	37	27	17	7
경 정 계 정		병	정	무	기	경	신	임
자 해 축 사		오	미	신	유	술	해	자

정화 일간이 해자축 수국에 사축 암합이 성립되므로 수에 종하는 종살격이다. 일지의 해는 천을귀인이라 직업운이 순조로워 최고의 인기와 지위를 얻게 된다. 원국에서 천간은 토금수, 지지는 금수운이 좋은 시기인데 대운을 보면 초년부터 56세까지 희용신이 연속되니 대길한 운세이다. 학력 수준도 상당하지만 코미디언을 원해서 예능 방면에서 크게 활약하였다. 그러나 한편으로는 관살의 세력이 압도적이라 정치에도 관심을 품고 있다가 2019 유대운 기해년에 우크라이나의 대통령에 당선되어서 2024년 지금까지 자리를 지키면서 EU의 지원을 등에 업고 러시아와 전쟁 중이다. 러시아라는 강대국과 겨루기는 힘에 벅차지만 앞으로 10년간은 대운이 순조로우므로 무난히 국가를 수성하리라고 본다. 그러나 57세 대운부터는 화운을 맞이하므로 힘을 잃고 정계를 떠날 것이 분명한 운세이다.

조후용신으로 화를 써야함이 좋으나 원국의 구조적 문제로 관살인 수기에 종해야 돼서 러시아와 힘든 전쟁을 치르고 있다.

조 바이든

(1942. 11. 20. ~)
첫부인과 사별하고 후처와 해로하는 미국의 46대 대통령

시 일 월 년	[대운]	87	77	67	57	47	37	27	17	7
갑 정 신 임		경	기	무	정	병	을	갑	계	임
진 축 해 오		신	미	오	사	진	묘	인	축	자

정화 일간이 년지에만 뿌리가 있으니 신약한 사주라 목화를 희용신으로 써야 한다. 그런데 수운이라도 천간에 갑목이 통근하고 있으니 수생목이 될 수 있어 약간 불리한 정도이다. 따라서 초년을 평범한 수준 이하의 학업을 성취하였으나 27세 대운부터 목화운이 연속되어 변호사로서 정계에 투신하여 상원으로 승승장구하였다. 경신금이 처가 되는데 일지 축에 입묘가 되니 첫 부인은 사고로 사망하고 재혼하여 현재까지 후처와 살고 있다.

77세 기대운에는 갑기합으로 목생화 되니 2020 경자년에 46대 대통령에 당선되었다. 미대운 갑진년인 2024년 11월에 47대 미국 대선을 치르는데 오미합으로 용신을 묶어버리니 대운이 불리하고 세운도 갑기갑으로 쟁합이 되니 목생화가 안 되어 낙선할 것으로 전망하였는데 부통령 해리스에게 대통령 후보를 넘겨주었다.

일지 축이 처음 부인인 입묘지라 무덤으로 들어가고 시지 진이 둘째 부인으로 쇠지에 임하여 여생을 함께한다.

아베 신조

(1954. 9. 21.~2022. 7. 8.)

정치활동 중 원한을 깊게 가진 사람에게 살해당한 일본의 전직 수상

시 일 월 년	[대운]	67	57	47	37	27	17	7
정 경 계 갑		경	기	무	정	병	을	갑
축 진 유 오		진	묘	인	축	자	해	술

경진 괴강일주라 우두머리 기질이 있는 데다 월지가 양인이라 다혈질이다. 진과 유가 공망에 해당하나 합으로 해공되었다. 신강한 구조이고 금기가 강하여 이를 제련할 필요가 있으므로 화가 용신, 목이 희신이 되고 토금은 기신이다.

외가와 친가 모두 정치 명문가이고 대체로 목화대운으로 흐르니 정계에 진출하여 중의원을 10연임(1993년 초선~2021년 10선)하였다. 2006년 54세 인대운 인오합화되니 병술년에 총리에 오르고 사임했다가 2012년 59세 기묘대운 임진년에 갑기합, 수생목되니 다시 총리에 복귀하여 계속 연임하다 2020년 경대운 경자년이 되어 불리한 금운이 되므로 퇴임하였다.

경진대운중 2022년 임인년 69세 때 통일교와 아베에 원한을 품은 사람에 의하여 암살당하였다. 대운이 금운이라 갑목이 깨지고 세운 임이 용신 정화를 묶어 버리니 최악의 해가 되는데 시주인 정축 백호살이 동해서 총살당하고 말았다.

남의 돈을 강탈했다고 생각이 들게 하면 후환이 무섭다.

김대중

(1924. 1. 6.~2009. 8. 18.)

동절기에 바위 위에 자란 나무라 정치적 박해를 심하게 당함

시 일 월 년	[대운]	80	70	60	50	40	30	20	10
을 갑 갑 계		병	정	무	기	경	신	임	계
축 신 자 해		진	사	오	미	신	유	술	해

조후상 겨울에 태어난 갑목이므로 목화를 용신으로 취해야 하나 해자축 수국으로 수기가 너무 강하므로 갑목에 종하는 구조이다. 10대에서 20대 전반까지는 수운이니 좋은 운세로 여겨진다. 그러나 이후 술운은 수와 상극하니 1948년에서 1953년 사이에 6.25 전쟁 와중에 인민군에게 붙잡혀 죽을 고비를 넘긴다.

전후 정계에 진출하려다 신유대운에 을신충과 금극목으로 목기가 깨지니 낙선을 거듭하다 경신대운에 금생수, 수생목으로 목이 강화되어 1963년 처음으로 국회의원에 당선되어 야당 정치인으로서 크게 성장한다. 그러다가 1971년 신대운 신해년은 다시 목기가 깨지니 대선에서 낙선하게 된다. 그러나 종왕사주로 50, 60대 운세가 좋지 않음에도 불구하고 강한 의지력으로 야당의 거두로 활약하다 1998년 사대운 무인년에 사신합수가 되고 무계합이 되어 흉함이 해소되니 연합정부를 구성해서 15대 대통령에 당선되어 5년간 재임하게 된다. 도중에 2000년은 경진년이라 금생수 수생목이 되니 목기로 더욱 힘이 더해져서 노벨평화상을 수상하게 되는 영광을 누린다.

2009년은 진대운 기축년으로 지지에서 진토가 신금과 합하여 수로 변하고 천간이 갑기합토로 묶이고 금기가 매우 쇠약해져 폐렴과 호흡기 장애로 사망하게 되었다.

인성이 국을 이루고 있으므로 주변의 도움도 많고 학식도 풍부하다. 고진

감래끝에 말년 복이 보장된다.

전두환

(1931. 1. 18.~2021. 11. 23.)

민주화시위를 무력으로 제압한 장군

시 일 월 년	[대운]	90	80	70	60	50	40	30	20	10
임 경 경 신		신	임	계	갑	을	병	정	무	기
오 신 인 미		사	오	미	신	유	술	해	자	축

경신일주이고 신강사주이면서 큰 일을 도모할 만한 오행구조를 갖고 태어났다. 인신충이 있으니 인미암합으로 갑기합되니 목기는 유지된다. 금이 다수라 형제, 동기의 세력이 굉장히 막강하여 제련시킬 수 있는 화를 용신으로 취한다. 1980년 경신년, 1981년 신유년이라 을대운은 좋은 환경이었으나 세운이 불안하여 12.12 사태를 일으켜 군사반란을 일으키고 5.18을 강제 진압하는 등 반대 세력을 물리치고 최고 권좌에 오른다. 재임 기간에는 목기가 강해져서 뇌물 수수로 수천억을 횡령하는 불법행위를 저질러서 법의 심판을 받게 된다.

1995년은 신대운으로 매우 불리한 운이라 반란수괴, 뇌물 수수 건으로 무기징역을 선고받았으나 1997년 정축년에 화극금하니 사면되어 자연인으로 돌아갔다. 이후 대운지지가 오미운이라 별 탈 없이 지내다가 90세 신사대운 초 경자년에 금이 지나치게 강해지니 오화가 병들어 혈액암으로 사망에 이르렀다.

일지와 월지가 인신충이라 자신에게 대항하는 지역사회를 강하게 짓밟았다.

박정희

(1917. 11. 14.~1979. 10. 26.)

믿는 부하에게 배신당한 군사독재 정권의 대통령

시 일 월 년	[대운]	63	53	43	33	23	13	3
무 경 신 정		갑	을	병	정	무	기	경
인 신 해 사		진	사	오	미	신	유	술

경금 일간이 약하지 않으므로 관성인 정화를 용신으로 취한다. 경신일주이고 인신사해의 사생지를 깔고 있으므로 강력한 결단력으로 혁명을 일으킬 만한 사주 구조를 갖추고 있다. 초반 경술, 기유, 무신대운은 금을 더욱 강화시키므로 대구사범, 만주군관학교, 일본육사등을 거치면서 어렵게 성장하였다. 32세되던 신대운 무자년 1948년에는 여순사건에 연루되었으나 집행정지로 풀려난다. 33세 이후는 정미, 병오, 을사대운으로 용신인 화운을 맞아 국군 장교로서 사단장까지 승진한 후 1960년에 5.16 군사정변을 일으키고 대통령

을 5연임하였다. 대통령 재임 동안은 관성에 의해 금이 제련되니 최고의 전성기를 이루었고 국가의 발전도 가져왔다. 그러나 3선개헌 후유증으로 70년대 후반 장기 집권 반대 운동이 강하게 일어나더니 1979년은 갑대운 기미년으로 갑기합화토되니 다시 금이 균형을 잃고 너무 강성해지는 바람에 부하인 김재규 정보부장에 의해 암살되었다.

부하들간에 상호 경쟁심을 과다하게 불러 일으키면 화가 자신에게 미친다.

존. F. 케네디

(1917. 5. 29.~1963. 11. 22.)

부귀를 누렸으나 단명함

시 일 월 년	[대운]	49	39	29	19	9
갑 신 을 정		경	신	임	계	갑
오 미 사 사		자	축	인	묘	진

신금일간이 지지에 사오미 방합이 강하니 화에 종하여야 한다. 따라서 목화운이면 대발하나 금기가 뿌리를 내리면 위험한 구조이다. 케네디는 원국의 구조가 귀인 오가 편관에 임한 종살격으로 강한 관살에 따라야 하는 운명이므로 좋은 집안 배경을 바탕으로 정계에 입문한다. 갑진대운은 목이 득지하고 있으니 목생화로 길운, 계묘대운은 정계충이나 왕신발하여 화기를 오히

려 부추기니 대길, 임인대운은 정임합목으로 다시 간지 모두 목생화하니 대길, 39세부터 신축대운이 문제인데 종해야 할 일간 신금이 간지로 힘을 얻으면 파격이 되니 파란만장한 삶이 된다. 1955년부터 1959년까지는 불리한 중에 이전 대운에 당선된 임기 유지, 1959년 기해년 갑기합반, 정신극, 사해충으로 왕신발하여 화를 북돋으니 다시 연방상원당선, 1961년의 축대운 신축년은 사축합금, 축미충으로 방합이 해체되니 파격이 되나 정격으로 강해져 미국의 35대 대통령에 당선된다. 임인년은 정임합, 사축합으로 화기가 약해지지만 종격은 유지할 수 있어 국가의 위기를 극복해 나간다. 그러나 1963년 계묘년은 정계충에 사축합, 묘미합목으로 목다화식, 목다 금결이 되니 용신이 파괴되어 암살당하는 불행을 맞이하였다.

세계 최강국인 미국의 대통령을 지냈으나 용신이 파괴되자 생명을 잃었다.

이명박

(1941. 11. 19. ~)

말단 회사원에서 대통령자리까지 오름

시 일 월 년	[대운]	85	75	65	55	45	35	25	15	5
갑 신 경 신		신	임	계	갑	을	병	정	무	기
오 축 자 사		묘	진	사	오	미	신	유	술	해

신금일간이 약간 신약해 보이지만 조후를 해결하기 위해 목화를 희용신으로 취한다. 시지의 오는 천을귀인으로 관성을 크게 성장시켜 주는 역할을 한다. 술대운에 형살을 겪게되어 대학 재학중 6.3 항쟁으로 수감생활을 하였다. 이후 목화대운의 길운이 받쳐주므로 회사원으로 출발, 승승장구하여 현대건설 사장이 되었다. 미대운 1992년 전국구의원으로 정계에 입문하여 국회의원과 서울시장을 역임하였고 2007년 계대운 정해년에 17대 대통령에 당선되었다. 대운에서 수생목되고 세운에서 화운이라 여러 불법 사건에 연루되었음에도 불구하고 정권 교체를 달성했다. 대통령 5년 임기를 마치고 2013년에 무사히 퇴임하였으나 임진대운 중간 수기가 강화되어 지지의 화기가 약해지는 한편 불리한 무술 세운에 축술형에 걸리는 2018년에 횡령과 뇌물 수수 혐의로 구속수감되었다. 이후 82세 되는 임인년 2022년 말에 천간 수생목과 지지 인오합화작용으로 특별사면 대상자로 풀려나게 되었다.

비록 출발은 미약했지만 나중은 창대하게 되었다. 한편 너무 개인적 잇속에도 밝은 것이 오히려 흠이 되었다.

시진핑

(1953. 6. 15. ~)
집안의 힘을 배경으로 삼아 출세함

시 일 월 년	[대운]	94	84	74	64	54	44	34	24	14	4
신 정 무 계		무	기	경	신	임	계	갑	을	병	정
축 유 오 사		신	유	술	해	자	축	인	묘	진	사

원국에서 무계합화되니 신강한 정화일주인데 초년은 화대운이라 어려움을 겪다가 30세 묘대운에 묘유충으로 사유축금국을 격발시켜 출세길이 열린다. 34세 시작되는 갑인대운은 목생화하기 때문에 매우 불리한 운이나 천간에서 신금으로 제압하고 세운에서 병신합, 정계충으로 해소하고 무기경세운으로 상쇄시키니 무탈하였다. 인대운에 남부로 전직하게 되어 환경은 불리하였으나 금수세운으로 이겨내니 정계에서 성장세를 이어 나갔다. 이후 금수운에 최고위직까지 차지했고 연임에도 성공했다. 74세에 경술대운도 재운이라 승승장구할 운세이나 술운에 축술형살과 오술화가 형성되니 상당한 위기 상황이라 실각할 가능성이 크다.

화기가 과다하니 포용력보다는 결단력을 보여주어야 한다.

에마누엘 마크롱

(1977. 12. 21.~)

나이차가 많은 연상녀와 결혼한 프랑스 대통령

시	일	월	년	[대운]	66	56	46	36	26	16	6
신	임	임	정		을	병	정	무	기	경	신
축	자	자	사		사	오	미	신	유	술	해

　임자일간이 임자월생으로 양인이 2개 겹치고 매우 신왕하다. 수기가 세력을 휩쓸고 있으니 수에 종해야 하는 종격 사주이다. 년주에 비록 정사가 있지만 정임합되고 자사암합되므로 수세를 막기에는 역부족이다. 45세까지 금수 대운이 연속되니 인생이 잘 풀려나갔고 년주에 정사가 재성이라 배우자에 해당하는데 나이차가 많이 나는 여교사와 결혼을 하였다. 마크롱은 기유대운에 결혼하였고 2017년 용신운인 신대운 41세에 대통령에 당선되었고 2022년 46세 정대운 임인년에 재선에 성공하였다. 정대운은 용신과 역행하지만 임수사 임정합으로 묶어버리니 세운 임수의 영향이 길운이라 무난히 당선되었다. 50세 이후 축미충운은 사건, 사고가 발생하더라도 본인의 강한 역량으로 돌파할 것이고 56세 병대운도 병신합수로 무난히 프랑스의 중심인물로 위치를 점할 것이다. 일지가 공망에 해당하여 운이 안 좋을 수가 있는데 자축합으로 해소해서 배우자 복을 얻게 되고 임수일간의 천을 귀인이 재성인 사에 있으므로 배우자가 천을귀인으로서 중요한 역할을 하게 되니 그야말로 연령차에도 불구하고 국가를 통치하는 대단한 인물이 되었다.

　남녀간의 사랑은 나이를 초월하고 부인이 출세하는데 중요한 역할을 하였다.

나경원

(1963. 12. 6.~)

장애인 딸을 가진 국회의원

시 일 월 년	[대운]	72	62	52	42	32	22	12	2
임 계 계 계		신	경	기	무	정	병	을	갑
술 미 해 묘		미	오	사	진	묘	인	축	자

  4남매 중 장녀로 태어나 천간이 모두 수기로 구성되어 있고 관이 미술형살이라 법과에 관심이 많았으며 해월의 수기가 왕성하므로 화를 용신으로 하고 목과 토는 희신 역할을 한다. 병인대운에 결혼을 하고 사법시험에 합격했다. 자녀 중 딸은 미중 을목으로 형살을 맞으니 장애인이 되었다. 일시지가 편관과 정관이라 판사를 하다가 그만두고 정치권에 입문하여 국회의원이 되었다. 년지에 천을귀인이 있는데 이회창 대표의 덕을 입었다. 대운이 대체적으로 목화운으로 흐르니 출세에 막힘이 없어 4선 의원을 역임하였다. 그러나 현재 시점은 경대운이라 불리한 형세이고 오대운은 용신운이라 환경은 좋으나 세운이 받쳐주지 못해 더 이상 큰 역할을 하기는 어렵게 보인다.

  여자에게는 식신이 딸이므로 미중 을목인데 시지 술과 형살관계가 되므로 신체에 이상이 생겨 장애인이 되었다.

노무현

(1946. 9. 1.~2009. 5. 23.)

좌우 대립을 조장하다 스스로 목숨을 끊은 전직 대통령

시 일 월 년	[대운]	64	54	44	34	24	14	4
병 무 병 병		계	임	신	경	기	무	정
진 인 신 술		묘	인	축	자	해	술	유

원국8자가 모두 양이라 직설적이고 정치적인 모사에 능하지 못하다. 그런데 그런 성격이 오히려 장점이 되어 청문회 스타가 되고 대통령 자리에까지 오른다.

무토일간이 화토가 강하니 신강하다. 원래 인은 목기가 강하나 천간에 병화와 합세하여 인술합화가 되니 인성이 극강한 사주이다. 그래서 강한 화토 기운을 설기하는 금수를 희용신으로 사용해야 한다. 2003년 대통령에 취임하고 2008년 퇴임 후 2009년 투신해 생을 마감하였다. 대운 초반은 힘들었으나 30세 해대운부터 대운간지가 금수운으로 흐르니 사법시험에 합격하고 변호사를 거쳐 정계에 입문, 국회의원이 된다. 2003년은 58세로 인대운, 계미년으로 세운은 묶이지만 대운이 관운이라 당선되고 2009년은 64세에 계묘대운 시작으로 무계합되어 세운이 크게 영향을 미치게 되는데 기축년이라 년운이 토운이고 병술백호에 뇌물수사로 축술형을 맞으니 인신충이 살아나 자신의 몸을 던졌다.

(*대운변화는 7일 6시간에 해당, 만 2년 5월이라 1대운이 1949년 2월이 되므로 대운수는 만세력에 2로 나와 있는 것과 달리 4로 본다.)

친한관계라도 큰 돈을 합부루 받으면 인뫼녀 설망하더라도 스스로 생을 마감해서는 안된다.

김동연

(1957. 1. 28. ~)

년월이 합되어 시상편관일위가 성립

시 일 월 년	[대운]	73	63	53	43	33	23	13	3
병 경 신 병		기	무	정	병	을	갑	계	임
자 자 축 신		유	신	미	오	사	진	묘	인

경금일간이 병신합화수, 자축합화수, 신자합화수하므로 신강변약되어 토가 용신이고 금과 지지화가 희신이 된다. 그래서 인생초반에 인묘진대운이라 어려움을 많이 겪었고 33세 을사대운부터 운이 피기 시작하여 고급공무원 생활을 유지하였다. 쭉 이어 호운으로 진행되다 2024년 68세 현재 무신대운 중반을 지나고 있어 토금운이므로 승승장구하고 있다. 2027년 정미년은 대운은 금운이나 세운이 화극금하므로 대선에 출마한다면 당선 가능성이 절반 정도 된다고 여겨진다.

년월간이 병신합화수 되고 시상에 편관이 떠 있으니 대권에 도전해 볼만하다.

정세균

(1950. 11. 5.~)

뿌리깊은 큰 나무라 잘라서 동량으로 사용됨

시 일 월 년	[대운]	72	62	52	42	32	22	12	2
정 갑 병 경		갑	계	임	신	경	기	무	정
묘 진 술 인		오	사	진	묘	인	축	자	해

　인술합화하니 신강변약되어 수목을 희용신으로 하니 대운을 보면 지지로 해자축, 인묘진운이 연결되니 전반적으로 운이 좋다고 판정한다. 사주원국에 경금 관성이 년간에 떠 있고 화기로 잘 제련되니 대기업 임원과 국회의장까지 역임하였다. 2024년 75세 갑오대운중이니 평운이고 2027년 정미년은 화대운에 화세운이니 설기가 심하여 운이 쇠약하다고 하겠다. 따라서 대선에 나서기 힘들고 만약 출마한다면 낙선이 확실시된다.

　국가의 대들보로서 오랜기간 국회에서 큰 활약을 보여주었다.

홍준표

(1953. 11. 20.~)

인기드라마 모래시계의 모티브가 된 검사

시 일 월 년	[대운]	75	65	55	45	35	25	15	5
경 을 계 계		을	병	정	무	기	경	신	임
진 해 해 사		묘	진	사	오	미	신	유	술

   해월의 을목이라 수기가 매우 강하여 신강사주인데 조후상 화를 용신으로
하면 목, 토는 희신이 된다. 경신대운중에 사법시험에 합격했는데 금생수, 수
생목하면 나쁜 대운이 되나 을경쟁합으로 묶여서 관이 유리한 역할을 했기
때문이다. 이후 대운은 간지로 화, 목 길운이 연속되어 정계로 진출해서 5선
국회의원을 역임했다. 75세 되는 2027년 정미년의 운을 보면 을묘대운 초에
화운이므로 아주 좋은 운세라 대선에 출마하면 어느 정도 가능성이 있다.
   평검사 시절 슬롯머신 도박장 수사를 하다 정경유착을 밝혀내고 좌천당한
바 그에게서 권력에 굴복하지 않는 강직함을 배워야 한다.

김무성

(1951. 9. 20.~)

기업인 가문의 자식으로 정치인으로 변신

시 일 월 년	[대운]	85	75	65	55	45	35	25	15	5
기 계 정 신		무	기	경	신	임	계	갑	을	병
미 해 유 묘		자	축	인	묘	진	사	오	미	신

금수기운이 강하니 신강사주이다. 사주 구조상 화를 용신으로 하고 목, 토
는 희신역할을 하면 되겠다.

초년 병신, 을미, 갑오라 묘신암합이 되고 간지로 목화대운이니 부잣집 자
식으로 태어나서 좋은 시절을 보냈고 35세부터 계, 임 대운은 나쁘다. 사대운
은 길하고 진대운은 한신에 가까워 세운에 따라 길흉이 결정된다. 55세부터
74세까지는 천간은 기신이고 지지는 목으로 희신이니 그런대로 정치가로서
성공적인 길을 걸었다. 15대 국회의원(1996 병자년, 46세)부터 20대 국회의
원(2016 병신년, 66세)을 역임했다.

75세부터의 기축대운은 나쁘지 않으나 여러 변동 수가 많이 발생하겠다.

부모의 유업을 계승하지 않고 다른 길을 택하는 경우도 가능하다.

김종인

(1940. 7. 11.~)

비례대표 최다선 국회의원

시 일 월 년	[대운]	90	80	70	60	50	40	30	20	10
정 을 계 경		임	신	경	기	무	정	병	을	갑
해 묘 미 진		집	묘	인	숙	자	해	술	유	신

목이 태과한 신왕사주로 수, 목, 화운이면 길운이고 금운이 와도 금생수, 수생목하므로 인생 전체의 대운을 볼 때 나쁜 시절을 거의 찾아볼 수 없다. 년주 경진 괴강으로 할아버지가 김병로 초대 대법원장이다.

년지 진토가 있으나 을, 계가 투간해 있으므로 목에 종하는 구조로 봐야 한다. 나쁜 대운이 없다는 것은 시대 상황을 거스르지 않고 대세에 따랐다는 것이므로 그가 지원한 후보가 모두 대권을 잡았다. 2024년부터의 묘대운도 목 기운이므로 그가 지원하는 세력이 2027년 대선에서 승리할 것이라 예상된다.

정치권에서 장기간 머물면서 말년에 킹메이커 역할을 잘 하였다.

안철수

(1962. 2. 26. ~)

성공한 기업인 출신으로 대선에서 번번히 양보함

시 일 월 년	[대운]	74	64	54	44	34	24	14	4
병 을 임 임		경	기	무	정	병	을	갑	계
술 미 인 인		술	유	신	미	오	사	진	묘

매우 신강한 구조이고 상관 병화를 용신으로 한다. 초년부터 53세까지 탄탄대로를 달려왔으며 기술개발로 재벌급의 재력가가 되었다. 54세 용신설기로 하향길에 접어들면서 정치권에 입문하였으니 대선에서 번번이 남에게 자리를 넘겨주고 말았다. 내년 64세 기유대운도 이전 대운과 별 차이없는 운세를 타므로 정치권에서 한축은 차지하나 대권은 자기 몫이 안 된다. 일지와 시지가 미술형살이라 자신과 처가 의사의 직업을 가지게 되었고 대운에 관성운이 들어오면서부터 창당과 합당 과정을 통해 정계에서 꾸준히 활동을 해오고 있다. 시대를 앞서가는 IT신기술로 사업에 성공한 후에 대통령자리에 계속 도전하고 있다.

이재명

(1964. 12. 22. ~)

자수성가한 법조인으로 대선후보임

시 일 월 년	[대운]	65	55	45	35	25	15	5
갑 을 병 갑		계	임	신	경	기	무	정
신 사 자 진		미	오	사	진	묘	인	축

사신합수, 자진합수 가능하니 수목으로 좋하는 구조이다. 수의 세력이 더

욱 강하니 종강격으로 식상이 되는 화운은 무력하여 흉운에 가깝다. 2018년
은 밍대운, 무술년으로 3목이 무토를 극제하니 길운이 되어 경기도지사에 당
선되었다. 그러나 2022년 3월 9일 대선은 임대운 계묘년이므로 수생목으로
길한중에 자묘형살을 겪으니 미세한 차이로 패배하게 되었다. 2027년 정미년
의 대선에 출마한다면 자오충되고 화토가 강해지니 수기가 약해져 다시 실패
하게 될 것이다. 공직에 근무하는 동안 특정 개발 집단에 특혜를 제공하였다
는 혐의를 받고 있으니 수사대상이 되었고 재판결과를 지켜봐야한다.

이준석

(1985. 3. 31.~)

컴퓨터와 경제를 전공한 신세대 정치인

시 일 월 년	[대운]	69	59	49	39	29	19	9
신 기 기 을		임	계	갑	을	병	정	무
미 사 묘 축		신	유	술	해	자	축	인

득령하지 못해서 약간 신약하다고 보이나 관인상생할 수 있으므로 목, 화,
토운이면 좋은 시기이다. 초년부터 갑술대운까지 대운이 길하다. 그러므로
38세부터 58세까지 앞으로 20년간은 정치권에서 꾸준히 눈에 띄는 역할을
할 것으로 기대된다. 사주 구조상 편관격으로 성격이 되었으므로 정치인으로

서 보수 정당에 들어가 꾸준히 활동하였다.

편관이 년간에 투출하였으므로 정계에서 어린 나이에 속함에도 불구하고 2014년 새누리당 혁신위원장을 지냈고 2023년에는 국민의힘 당의 대표직을 수행하였고 일지 사중 경금이 있으므로 언변도 능숙하다.

2023년 계묘년은 수생목, 목생화한다. 한편, 대운은 목극토로 일간이 약해지는 측면과 을신충하여 일간이 상대적으로 강화되는 면이 동시에 발생한다. 따라서 년운과 대운이 모두 길흉이 교차하여 현상 유지하는 정도의 운세이다.

기사일주는 토금이 투출했으나 본기인 화는 투출이 안되어 기운이 약화되고 묘미합목되니 신강변약되어 화토가 길신이 된다. 지지에서 관인상생 가능하니 자대운, 임인년에 국회의원이 아니면서도 당대표로 선출되었고 해대운은 해묘미 목국이 되어 목생화, 화생토하니 지위가 상승하는 길운이다. 2024년 갑진년에는 국민의힘을 떠나 개혁신당의 대표로서 국회의원에 당선되어 독자 노선을 유지하고 있다.

학력도 좋고 언변도 우수하나 약간 미숙해 보이는 상이 약점이라 하겠다.

이낙연

(1952. 12. 20. ~)

중후한 인품의 행정경험자

시 일 월 년	[대운]	76	66	56	46	36	26	16	6
병 경 임 임		경	기	무	정	병	을	갑	계
술 자 자 진		신	미	오	사	진	묘	인	축

사주 원국이 온통 식상으로 물바다를 이루고 있으니 설기하는 목, 화를 희, 용신으로 하는 것이 마땅하다.

16세부터 65세까지는 목화운이 이끌고 있으니 약간의 장애가 있더라도 무난히 관직 생활을 유지한다. 66세부터 75세까지 기미대운에 토극수가 가능하여 용신운만큼 좋은 운이 되니 최장수 국무총리를 역임했고 국회의원에도 당선되었다.

한겨울 출생이라 목화의 온기가 필요, 즉 심장을 보호하는 것이 중요하다.

노태우

(1932. 7. 16. ~2021. 10. 26.)

군사정변의 2인자 역할

시 일 월 년	[대운]	88	78	68	58	48	38	28	18	8
병 경 무 임		정	병	을	갑	계	임	신	경	기
술 술 신 신		사	진	묘	인	축	자	해	술	유

사주 원국을 보면 경술 괴강일주에 병수 백호살을 가지고 있어 직업군인이나 정치인에 어울리는 구조이다. 금이 3개나 되고 화기가 충분하니 수를 용신으로 삼아 자신과 동료들을 제련하여 사회에서 크게 쓰일 수 있다.

1980년 12.12 쿠테타 시점은 계축대운이라 수운에 축술형살을 달고 있으니 나라를 뒤집어 엎는 데 성공하였다. 58세 갑대운까지는 목극토 하니 대통령직을 유지할 수 있었으니 인대운은 화기가 너무 세서 금의 세력을 다 파괴시키니 쿠테타 세력의 주동자로서 투옥되고 말았다.

60대 이후 강한 화기에 수기가 마르니 전립선암에 걸렸으며 2021년 신축년은 정사대운초입인데 정임합거하고 사축합금되어 기신이 강화되고 용신이 사라지므로 결국 사망하게 되었다.

백호살이 시주에 있으니 5.18때 청소년들의 죽음과 연관성이 크다.

고르바초프

(1931. 3. 2.~2022. 8. 30.)

공산권의 개혁, 개방을 이끈 인물

시 일 월 년	[대운]	89	79	69	59	49	39	29	19	9
임 병 경 신		신	임	계	갑	을	병	정	무	기
진 진 인 미		사	오	미	신	유	술	해	자	축

병화 일간이 득령을 하고 다른 지지에도 근이 있으나 약간 신약해 보인다. 이른 봄에 물도 충분하니 나무를 키우기 위해서는 태양의 온기가 더 필요하다. 그래서 목화운이 길운이고 지지로 오는 수운은 수생목하니 역시 길하다. 초년 기축, 무대운은 토운이라 어려운 가정형편에서 공부했고 자대운부터 정해, 병술, 을대운은 수, 목, 화로 상생되니 공산당에 가입하여 승승장구했다. 55세 유대운은 불리한 환경이나 을경암합되어 약한 금운이라 1985년 을축년 총서기가 되었고 갑대운 1990년 경오년에 명목상 소련 대통령에 취임하여 노벨평화상을 받고 1991년 12월 61세 신미년에 소련을 해체하였다. 원국에서 진진이 형하니 말년을 향해 갈 때 국가적으로 대변혁과 공산주의의 몰락을 경험했다. 2022년 8월 30일 향년 91세의 나이로 사망하였다.

신대운 임인년은 금수운이라 일간의 힘이 빠지는 흉운이라 심장에 이상이 발생하였을 것이다.

철의 장막이라던 구소련을 개방시키고 해체시킨 장본인이다. 자국의 팽창

보다는 대세를 따르고 노벨상을 수상하였다.

푸틴

(1952. 10. 7.~)

중화에 가까우면서 강인한 내면의 소유자

시 일 월 년	[대운]	81	71	61	51	41	31	21	11	1
갑 병 기 임		무	정	병	을	갑	계	임	신	경
오 술 유 진		오	사	진	묘	인	축	자	해	술

그는 레닌그라드의 가난한 노동자의 집안에서 출생하여 어려서는 비행 청소년이었으나 점차 운동과 학업에 매진하여 레닌그라드 국립대학 법학부에 재학하던 중 1974년 23세에 KGB의 수습 사원으로 들어갔다.

그 후 내부 승진을 하다가 1991년 옐친의 우익 쿠데타가 일어나자 친옐친계로 승승장구한 끝에 1999년 총리로 대통령 권한대행을 맡았다. 2000년 5월 러시아 대통령으로 취임하고 연임 후 총리직을 했다가 다시 대통령으로 연임하여 2018년 5월부터 7대 대통령직을 수행하고 있다.

푸틴은 초년 임진 괴강에 관살을 가지고 있고 오술합화되니 권력 지향적이며 중화에 가까운 중약사주이다. 따라서 관인상생하는 운이 최상인데 수목화 대운으로 흐르니 정부 고위직으로 진출할 수 있었다. 임자대운은 수운으로 관살운이라 지지로는 자술 암합 가능한데 세운이 도와줘서 자신이 원하는 권력기관에서 승승장구하게 되었다. 말년에 금여운이 붙어 축재를 크게 했을 것이고 2022년 임인년은 관살운이라 서방나토의 압박을 느끼니 백호살이 발동하여 우크라이나를 침공하여 대량 살상을 하게 되었다.

2023 계묘년은 72세이고 묘유충으로 전투가 격렬해지고 2024년도에는 진술충하나 갑기합토로 묶이니 전선이 교착 상태로 바뀔 것이다. 2025~2027년은 을사, 병오, 정미로 화 기운이 너무 강해지니 더 이상 전쟁을 지속하기는 힘들고 휴전을 해야 할 것이다.

일주가 백호살이니 부인과 이혼하였고 우크라이나와 전쟁을 일으켜서 피를 보고야 말았다.

김정은

(1984. 1. 8.~)

현재 북한의 절대권력자

시 일 월 년	[대운]	81	71	61	51	41	31	21	11	1
신 신 을 계		병	정	무	기	경	신	임	계	갑
묘 축 축 해		진	사	오	미	신	유	술	해	자

겨울철의 신강한 辛金일주로 조후를 만족시킬 화오행이 없으므로 재성인 을목을 용신으로 본다. 그래서 초년 수목운에 김정일의 자식 자격으로 스위

스로 유학해서 편히 살다가 술대운에 축술형으로 김정은이 사망하고 후계자로 북한의 권력을 이어받게 된다. 다음으로 오는 대운이 신유, 경신이라 금생수하게 되므로 무난한 시기이다. 그래서 50세까지는 북한에서 권력을 유지하는 데 큰 어려움이 없다. 즉 앞으로 10년간은 김정은의 권세가 땅에 떨어지지 않는데 일부 매체에서 몇 년 안에 남북전쟁이 일어난다고 터무니없이 주장한다. 러시아가 지금 우크라이나에서 전쟁을 벌이고 있는 과정에서 북한과 군사협력을 하고 있듯이 전 세계적 이념대결이 강화될수록 이득을 보는 나라는 바로 분단된 남북한이다. 독재의 지배체제를 계속 이끌고 나갈 명분이 되고 실리도 챙길 수 있기 때문이다. 그런데 김정은이 51세부터 기미대운을 맞으면 말이 달라진다. 지지에서 축미충을 하고 토생금하니 위기 상황이 발생하는 나쁜 대운이다. 따라서 지금부터 11년 후 2034년 갑인년, 2035년 을묘년, 2036년 병진년까지는 버틸 수 있겠지만 2037년 정사년부터는 정계충, 무계합이 되므로 김정은이 살아남으려면 안전을 보장받고 권력을 남쪽에 넘겨줘야 할 것으로 보인다.

원래 화기를 가지고 있으면 위험하지 않으나 갑자기 따뜻한 불기운이 들어오면 심장에 이상이 발생할 수 있다.

운동 선수

마이크 타이슨

(1966. 6. 30.~)

불우한 환경을 딛고 복싱선수로 대성

시 일 월 년	[대운]	63	53	43	33	23	13	3
경 경 갑 병		신	경	기	무	정	병	을
진 신 오 오		축	자	해	술	유	신	미

　초년 을미대운에는 을경합, 토생금하니 신강한 타이슨은 뉴욕의 브루클린 지역에서 불우한 생활을 하였고 병신대운에는 갱단조직에 들어가 폭력, 강도 등으로 비행 청소년 시절을 보내다 소년원을 나온 후 양아버지를 만나 복싱을 배우게 된다. 18세~22세 기간에 신진합수가 되니 복싱에 매진하다 21세 되는 1986년 병인년에 트레버 버빅을 이기고 헤비급 세계챔피언이 되었다. 이 기세를 이어가 37연승을 거두더니 1990년 2월 11일 더글러스에게 패배하였다. 이를 기점으로 내리막을 걷게 되는데 여러 차례 사고를 치기도 하였다.

　1991년 신미년 미스 블랙 아메리카 참가자 강간 사건으로 6년 형기 중 3년을 복역하였다. 그 해에 병신합과 오미합으로 병오관성의 자제력을 상실했기 때문이다. 1996년 병자년 편관운이 드니 잠깐 타이틀을 회복하였으나 2차 방어전에서 패하고 정축년 리매치에서도 유대운중이라 금이 너무 왕해져 제런이 잘 안되는 이유로 실격패하고 말았다.

　2024년 갑진년에 은퇴 후 20년째에 유튜버 복싱선수인 제이크 폴과 11월

16일 복싱 경기를 가져 흥행에는 성공했으나 판정패하였다. 예정대로 7월 신미월에 경기가 잡혔는데 진진형살, 병신합으로 건강상 위에 큰 문제가 발생하여 날짜를 연기한 끝에 재성년이라 큰돈은 벌었지만, 을해월로 을경합극되니 승리를 동시에 얻지 못하였다.

신체가 강인하다면 아무리 환경이 나쁘더라도 노력에 따라 큰 성공을 이룰 수 있다.

O.J. 심슨

(1947. 7. 9.~2024. 4. 10.)

본처가 불행해지는 운명

시 일 월 년	[대운]	71	61	51	41	31	21	11	1
갑 기 정 정		기	경	신	임	계	갑	을	병
술 축 미 해		해	자	축	인	묘	진	사	오

기축일간이 미월에 태어나 화토세력이 강하므로 신왕한 사주이다. 그래서 설기하는 금수운이 길운이고 목운은 천간으로 오면 목생화, 화생토로 불리하나 지지로 오면 합을 이루니 사회적으로 성공하게 된다. 지지에 축술미 삼형살을 차고 있으니 사고수가 많고 운동선수를 한다면 괜찮다. 진대운에 형살이 약화되고 진술충, 축미충으로 붕충이 되니 강한 일간의 힘으로 유명스포

츠선수가 되었다. 한편, 일지가 묘지이고 형충이 되니 배우자와 불행한 사건이 발생할 수 있다. 역시나 본처와 해로치 못하고 이혼을 하였고 그녀는 살해 당하였는데 형사재판의 유죄는 벗어났지만 심슨이 유력한 용의자이다. 인대운중 1992년 임신년 정임기반되고 인신충으로 이혼, 1994년 갑술년 일지가 축술형이 중복되니 전처 살인사건이 발생한 것이다. 화토기운이 매우 강하고 수기가 해와 축에 미약하게 존재하는데 합충의 영향을 받으니 방광이나 생식기에 이상이 발생할 운명이다. 2024년은 기대운이라 흉한 운세이고 갑진년 무진월 갑진일에 토기가 극왕해지고 수기가 마르니 전립선암으로 사망하였다. 부인과 사이가 나쁘면 멀리 떨어져 살아야지 서로에게 좋다.

최경주

(1970. 5. 19.~)

역도에서 골프로 전향해 크게 성공함

시 일 월 년	[대운]	57	47	37	27	17	7
을 기 신 경		정	병	을	갑	계	임
축 해 사 술		해	술	유	신	미	오

기토일간이 사월 여름에 태어나 득령하였고 년, 시에서 득지하였으니 신강하다. 그래서 용신은 일지해수를 취하니 길신은 금수이다. 천간의 토는 시

간에서 목극토하면서 토생금하므로 흉보다는 길운이 강하게 작용한다. 1995
년 미대운 을해년에 해미합목으로 관성인 목기가 왕성해지니 강한 일간이 약
화되면서 균형을 잡자 결혼하였다. 1999년 30세 갑내운 기묘년에 PGA에 데
뷔하였으며 2002년 신대운 임오년에 PGA투어 최초우승, 마스터스 3위를 차
지하였다. 대운은 금운, 세운은 수운으로 대길운을 맞아 크게 떠올라 메이저
우승까지 바라볼 정도였으나 임오년이라 지지에서 수기를 약화시키니 3위로
만족해야 했다. 2008년 을대운 무자년에 목극토하니 관운이 우세하여 식재
운보다는 못하나 세계 랭킹이 5위까지 올라갔다. 2011년 유대운 신묘년을 맞
이하여 금운이 중첩되니 매우 길하여 플레이어스 챔피언십에서 우승하였다.
2024년 7월 술대운 갑진년에 지지에서 기신을 축술형, 진술충하는 중에 천간
에서 갑기합되니 관성에 구속되어 메이저 대회 우승의 한을 시니어 대회에서
풀고 목표를 이루었다.

중도에 더 좋은 종목으로 바꿔서 이름을 널리 알릴 수도 있다.

로저 페더러

(1981. 8. 8.~)
부상으로 은퇴한 테니스계의 과거 최강자

시 일 월 년	[대운]	51	41	31	21	11	1
병 무 병 신		경	신	임	계	갑	을
진 오 신 유		인	묘	진	사	오	미

무토일간이 신월에 태어나 실령하였으나 일시에 화토가 강하니 신강하다. 그런데 1, 2대운은 목화운이라 관인상생되니 토가 지나치게 강해지니 불리하다. 다행히 3, 4대운에 금수운이 들어오니 강한 일간을 설기시켜 테니스 선수로 세계를 제패하여 오랫동안 현역 최고의 선수로 군림하였다. 2009년 사대운 기축년에 대운이 사신합수되어 재운으로 변화하고 세운이 토생금해주니 식신생재가 잘 되어 처를 얻게 되었다. 41세 신대운에는 2개의 병신합으로 기반되니 무능해졌다. 즉, 신금이 병화에 묶이니 무릎에 이상이 생겨 선수생활을 포기하게 된다. 경자년에 식신운이라 길할 것 같으나 자오충이 발생해 수술한 결과 오히려 화기가 거세지니 신금이 타격을 받아 무릎이 회복되지 않는다. 2023년 계묘년은 계수가 무토일간에 묶이고 지지 묘는 목생화, 화생토로 일간이 지나치게 강해지니 테니스계에서 완전 은퇴를 선언하였다.

신(辛)금은 무릎과 관련이 깊은 오행으로 운동선수는 부상을 조심해야 한다.

세레나 윌리엄스

(1981. 9. 26. ~)

친언니와 함께 활약한 여자 테니스계의 일인자

시 일 월 년	[대운]	55	45	35	25	15	5
경 정 정 신		계	임	신	경	기	무
자 미 유 유		묘	인	축	자	해	술

정화 일간이 가을철 출생이라 매우 약한 가운데 금수세력이 왕성하니 수에 종하여야 된다. 그런데 재성인 유금이 귀인이라 아버지 덕으로 테니스 선수로서 철저한 훈련을 받고 프로 무대에 진출하게 된다. 기해, 경자, 신축내운에 금수운이 대길하여 각종 메이저 테니스 대회와 올림픽에서 수많은 우승과 금메달을 목에 걸었다. 2016년 신축대운 초 병신년에 병신합수로 겁재운이 관성운으로 흉변위길되니 남자와 약혼을 하고 다음 해 출산을 하게 되었다. 원국에도 나타나 있듯이 세레나는 월간 정화에 해당하는 언니 비너스와 함께 세계 테니스계를 15년 동안이나 주름잡고 여자 테니스의 전설이 되었다.

자매가 모두 프로테니스 선수로서 최상위권을 유지했듯이 가족이 함께 운동한다면 좋은 결과를 가져온다.

칼 루이스

(1961. 7. 1.~)

육상선수로 여러 종목의 올림픽 금메달리스트

시 일 월 년	[대운]	59	49	39	29	19	9
계 을 갑 신		무	기	경	신	임	계
미 미 오 축		자	축	인	묘	진	사

을미일주로 근육이 잘 발달되어 육상 선수로서 알맞은 신체 구조를 타고났

다. 을 일간이 여름철에 태어나 득령하지 못하고 토 기운이 강하니 신약하다. 그러나 대운에서 수목운을 만나 일간이 강화되니 세계적인 육상 선수로 올림 픽에서 금메달을 9개나 거두었다. 1984년 갑자년 목운이라 대길, 1988년 진 대운으로 목이 통근하고 무진년은 무계합으로 기반되니 길로 변화, 1992년은 신대운 임신년으로 금생수, 수생목하니 길, 1996년은 묘대운 병자년이라 병 신합수되니 36세의 나이로 멀리뛰기에서 마지막 올림픽 금메달을 획득하였 다. 자기 몸의 강점을 최고도로 살린 육상 선수이다.

엘레나 코마네치

(1961. 11. 12.~)

여자체조계의 잊혀지지 않는 전설

시 일 월 년	[대운]	59	49	39	29	19	9
임 기 기 신		을	갑	계	임	신	경
신 유 해 축		사	진	묘	인	축	자

기토일간이 해월에 태어나 실령하였고 금수의 세력이 강하니 재에 종하는 구조이다. 그러므로 경자 신축, 임대운까지 금수가 강하게 들어오므로 루마 니아의 체조선수로 올림픽에 출전하여 1976년 병진년 병신합수로, 1980년 경신년에 금생수하므로 금메달을 따냈다. 1989년 임대운 기사년에 대운의 환경은 좋은데 세운에서 기토일간이 생조를 받아 불길한 운세가 전개되어 미

국으로 망명하게 되었다. 1996년 36세 인대운 병자년에 관운에 병신합수된
연고로 늦은 나이에 결혼하게 되었다.

조국과 인연이 멀어진다면 외국으로 망명해야 하다

마이클 펠프스

(1985. 6. 30.~)

과거 세계 수영계의 황제

시 일 월 년	[대운]	49	39	29	19	9
무 경 임 을		정	무	기	경	신
인 자 오 축		축	인	묘	진	사

경금일간이 한여금에 태어나 실령했고 세력이 약하니 신약이라 토금운이
길하다. 그래서 신사, 경진, 기대운까지 좋은 운세가 이어진다. 경금이 간지
에 수기가 충분하여 지지의 화기를 식힐 수 있는 구조여서 운동 선수로서 잘
준비된 신체 조건을 구비하였다. 초년에 반안에 귀인이 임하므로 유년 시절
부터 누나들을 따라 수영 클럽에 다니면서 수영뿐만 아니라 각종 스포츠를
두루 섭렵했다. 2001년 사대운 신사년에 세계신기록 수립, 2003년 계미년에
무계합반으로 세계 선수권 금메달 4개, 경대운 갑신년에 을경합금하고 금극
목해서 2004 아테네 올림픽 금 6, 진대운 무자년 2008 베이징 올림픽 금 8, 임

진년에 토생금, 금생수로 유통되므로 2012 런던 올림픽 금 4개, 기대운 병신년에 화생토, 토생금하므로 2016 리우 올림픽 금 5개를 땄다. 묘대운은 자묘형살이 되고 기신운이므로 수영계를 은퇴하고 복귀하지 않았다.

체격이 좋다면 정신력을 강화시켜 최고의 선수로 성장시킬 수 있다.

리오넬 메시

(1987. 6. 24. ~)
2010~2020년대 현시점에서 최고의 축구선수

시 일 월 년	[대운]	67	57	47	37	27	17	7
신 갑 병 정		기	경	신	임	계	갑	을
미 진 오 묘		해	자	축	인	묘	진	사

진은 반안 금여, 미는 천을, 오는 육해, 갑진은 백호살이라 유년 시절에 성장에 관련된 질병을 앓았으나 축구 선수가 되고 나서는 엄청난 실력으로 세계 최고의 스타 선수로 뛰어올랐다. 갑목이 여름철에 태어나 실령하였으니 약간 신약하다고 보이므로 수목이 길신이 된다. 10대 중반부터 40대 중반까지 대운이 천간 수목운, 지지 목운으로 모두 상생시켜 주니 대발전이 있게 된다. 이후 대운도 흉신은 화기로 막아내고 지지에서 수 기운으로 받쳐주니 크게 불길한 운은 만나지 않으므로 원국의 식재가 왕성함에 힘입어 길운이 드

는 시기에 큰 부와 명성을 유지할 수 있다.

유소년기부터 재능을 개발한다면 성인이 되어서 모든 경쟁자들을 능가하게 된다.

추신수

(1982. 7. 13.~)

메이저리거 타자가 된 한국의 야구선수

시 일 월 년	[대운]	49	39	29	19	9
임 정 정 임		임	신	경	기	무
인 유 미 술		자	해	술	유	신

정화 일간이 목화 세력이 강하므로 재를 용신으로 하고 식신생재하는 것이 유력하다. 초년부터 30대 후반까지 토금운으로 진행되므로 막힘없이 야구 선수로 미국에 직행해서 타자로서 뛰어난 활약을 보였다. 39세 신대운은 금운이지만 정화에 의해 녹아내리므로 메이저 리그 프로 선수로서 하향세에 접어드는 시점에 고국에 돌아와서 마지막 선수생활을 하고 있다. 성적이 가장 좋았던 시기는 기축년, 경인년, 계사년이었는데 특히 계사년은 정임합목을 깨고 수극화하여 과도한 일간의 힘을 약화시키니 운이 더 좋아졌다. 일지 유가 배우자 자리에 있고 귀인을 차고 있어 처복도 좋다고 할 수 있다.

체격과 재능이 우수해 일찍 해외로 진출한 경우이다.

박태환

(1989. 9. 27.~)

한국에서 배출한 세계적 수영선수

시 일 월 년	[대운]	48	38	28	18	8
임 경 계 기		무	기	경	신	임
오 인 유 사		진	사	오	미	신

　경일간이 유월에 태어나 득령하였으나 수화의 세력이 더 강하니 신약하여 토금운이 좋다. 원국에 있는 수기와 화기를 이용해 자신의 경금을 잘 단련할 수 있는 조건이 마련되었으니, 주변에서 지원만 잘 해준다면 운동 선수로서 대성할 사주이다. 18세에서 27세 사이에 신미대운에 간지로 토금이라 대길한 운세라 수영종목에서 아시아와 세계 대회에 나가 금, 은, 동메달을 수확했다. 현재는 오대운이고 수영 선수는 은퇴하고 방송에서 수영 종목 해설을 맡고 있다. 신약한 사주가 주위의 조력을 받는다면 성공한다.

박인비

(1988. 7. 12.~)

세계1위를 달성한 프로여자골프선수

시	일	월	년	[대운]	52	42	32	22	12	2
정	무	기	무		계	갑	을	병	정	무
사	진	미	진		축	인	묘	진	사	오

무진 괴강일주로 천간 지지가 모두 토왕하므로 종해야 하는 형세라 화토운이 길하다. 초년부터 대운이 무오, 정사, 병진으로 순탄하게 흘렀기 때문에 2006년 LPGA에 데뷔후 2010년대 병진대운에 세계 여자 골프계에서 최고의 선수로 꼽힌다. 월지 금여에 천을귀인이라 골프 선수로 준비가 잘 된 상태에서 각종 세계 대회의 우승을 휩쓸었다. 이후 목대운도 목생화, 화생토로 관인 상생되니 IOC 선수 위원 후보로 선정되었다.

준비된 선수는 국제무대에 나가더라도 반드시 승리한다.

류현진

(1987. 3. 25.~)

메이저리그에 진출해 성공한 한국의 투수

시	일	월	년	[대운]	67	57	47	37	27	17	7
기	계	계	정		병	정	무	기	경	신	임
미	유	묘	묘		신	유	술	해	자	축	인

계수일간이 일지에서 생조를 받고 있고 나머지 3지지에 뿌리를 두지 못하니 신약하다. 따라서 금을 용신으로 하고 수를 희신으로 잡는다. 지지에서 묘유충이 되나 묘미합의 기운이 함께 동하니 식신의 힘이 강력해서 크게 잘못되지는 않고 경력을 장기간 이어가게 된다. 신축, 경자대운이 금수운으로 최고 길한 시기이다. 류현진은 야구 선수 중 투수로서 크게 성장을 했는데 한국을 넘어 미국 메이저 리그에 진출해서 비교적 상위 클래스의 성적을 거두었다. 한화에서 7년 선수 생활을 했고 다저스에서 7년, 토론토에서 4년 선수 생활을 하고 2024년 다시 한국으로 돌아와서 한화 투수로 뛰고 있다. 자대운에 자묘형살이 겹치니 토론토 구단에서 뛰던 기간에 하향세에 접어들어 더 이상 미국에서 활약하지 못하지만 은퇴하지는 않고 국내에서 투수로 운동을 이어가고 있다.

신체가 우수한 편으로 특히 큰 손을 가지고 있다.

박세리

(1977. 9. 28.~)
최초로 LPGA에서 우승한 선수

시 일 월 년	[대운]	64	54	44	34	24	14	4
계 무 기 정		병	을	갑	계	임	신	경
축 자 유 사		진	묘	인	축	자	해	술

지지가 사유축 삼합으로 금국이 되어 일간이 뿌리내리지 못하므로 강한 세력인 금수에 종해야 한다. 초년 경술대운은 토운이고 형살을 끼고 있어 고생을 겪었다. 신해, 임자, 계축대운은 금수운으로 운이 잘 풀리므로 골프를 시작하여 훈련에 몰두하였고 20세에 프로 골프 선수로서 LPGA에 진출하여 수많은 우승을 차지하고 국민적 영웅이 되었다. 2016년 40세 축대운에 골프계를 은퇴하였고 아직까지 독신인 이유는 일지와 시지인 자축이 공망이라 배우자와 자식 운이 없기 때문이다.

세계적 스타가 되어도 가정을 갖지 않는 경우이다.

김연경

(1988. 2. 26.~)
한국의 배구 여제

시 일 월 년	[대운]	63	53	43	33	23	13	3
신 신 갑 무		신	경	기	무	정	병	을
묘 해 인 진		유	신	미	오	사	진	묘

신금일주가 봄철에 태어나 신약하므로 토, 금을 쓰는데 년주에 토가 자리 잡고 있으니 화운에 화생토, 토생금하여 화, 토, 금운 모두 길하다. 처음 1대운만 힘들고 2대운부터 7대운까지 연속 길운이 계속되니 배구선수로서 세계

적으로 이름을 날리게 된다. 연주 무진은 괴강이고 술해공망이라 일지가 공망에 해당된다. 인묘진 방합 목국으로 재성이 매우 강력하다. 37세 현재 미혼인데 38세 오대운에 해오암합이 되니 해공이 되고 관성 정화과 상관 임수가 합이 되어 결혼 수가 생기겠다.

목이 방합을 이룬 사주로 관리능력이 뛰어나다.

유상철

(1971. 10. 18.~2021.6.7.)

일찍 사망한 축구 국가대표선수

시 일 월 년	[대운]	50	40	30	20	10
을 갑 기 신		갑	을	병	정	무
축 자 해 해		오	미	신	유	술

신강사주지만 지지가 온통 물바다라 갑목의 뿌리가 썩어 수명이 길지 못하다. 또한 수다 토류라 토기가 수기에 의해 심하게 손상당한다. 51세는 갑오 대운이고 신축년인데 기토가 목극토 당하고 수기에 의해 완전히 흩어져 버려 췌장암으로 사망했다. 40대까지는 대운에서 화기가 포함되어 화생토하므로 국가대표 축구 선수 생활과 감독직을 유지할 수 있었다.

비장, 췌장에 해당한 기토가 극설을 심하게 당하여 단명하였다.

김연아

(1990. 9. 5.~)

피겨스케이팅 올림픽 금메달리스트

시	일	월	년	[대운]	60	50	40	30	20	10
계	계	갑	경		무	기	경	신	임	계
축	유	신	오		인	묘	진	사	오	미

신왕하니 설기하는 상관 갑을 용신으로 삼는다. 금의 세력이 가장 강하니 금생수, 수생목하는 수운도 괜찮다. 10대 중반 이후는 축미충으로 미의 지장간 을목이 개고되어 힘을 얻으니 피겨스케이팅 분야에서 뛰어난 능력을 발휘했다. 2010년은 경인년, 2014년은 갑오년에 해당한다. 21세인 임수대운에 경금세운은 금생수, 수생목으로 상생이 되니 금메달 땄고 25세는 오대운에 갑오년이라 용신 갑이 설기되고 오오 형살이라 애석하게도 은메달에 머물렀다. 2022년은 임인년으로 희용신에 해당하고 축인암합으로 관을 이끌어내니 결혼이 성사되었다. 토기운끼리 충돌하면 좋은 결과를 얻는 경우가 매우 많다.

강호동

(1970. 7. 14.~)

천하장사 출신으로 연예계 방송활동 함

시	일	월	년	[대운]	59	49	39	29	19	9
정	을	계	경		기	무	정	병	을	갑
해	미	미	술		축	자	해	술	유	신

을목 일간이 해미합목되고 월령에도 뿌리를 내리니 신강하다. 목이 과다하므로 년간의 경금을 용신으로 삼고 싶으나 금생수로 목이 더 강화될 우려가 있어 안되고 시간의 정화를 용신으로 삼고 지지의 경금은 희신이 된다. 미술형이 있으니 씨름선수로 상대방을 제압하는 강력한 힘을 발휘했다. 24세경에 진로를 코미디계로 변경하여 현재까지 활동하고 있으며 예능계의 국민 MC로 자리잡았다. 2대운에 을경합으로 길운으로 변하고 4대운의 해운이 해미합목되니 2012년부터 몇 년 침체기를 겪었다. 그러나 5대운에 무계합화화되니 다시 전성기를 구가하게 되었다. 일지, 월지 반안이라 빨리 출세하고 장기간 인기를 누리고 있다.

운동을 잘 하는 한편 언변도 좋아 두 개의 직업을 가졌다.

기업가

김정주

(1968. 2. 22.~2022. 2. 27.)

게임산업의 선구자

시 일 월 년	[대운]	55	45	35	25	15	5
병 임 갑 무		경	기	무	정	병	을
오 술 인 신		신	미	오	사	진	묘

서울대 공대 컴퓨터공학과 86학번 입학하였다. 1994년부터 '바람의 나라' 개발 시작. 1996년 29세 병자년에 넥슨 공동 창업, 대학 시절 룸메이트는 네이버의 이해진 대표이다.

2011 신묘년에 병신합하니 도쿄 증시에 상장되었고 우울증 치료를 받다가 미국 하와이에서 사망하였는데 스스로 목숨을 끊은 것으로 추정된다. 부친은 원로 법조인, 어머니도 금수저 집안이고 가족은 부인과 2녀를 두었다. 2015 을미년 형살로 불법외환거래 명단 포함, 2016 병신년에 인신충이라 진경준 게이트로 검찰 조사를 받았으나 대법에서 무죄 판결을 받았다. 그 후 2019 기해년에 갑기합토되니 관살이 작용, 탈세 혐의로 검찰 조사를 당하였고 2021 신축년에 축술형살이 발생하니 '메이플스토리' 큐브 확률 조작 사건이 터져 곤란을 겪었다.

목화가 득세하니 종재격이라 목화가 길운이다. 50세까지 목화대운이니 좋은 집안에서 출생하여 게임 회사를 창업했다. 이후 승승장구하다 기미대운에 형살이 드니 검찰 수사를 받았지만 혐의를 벗어났다. 경신대운에 임수일간이 뿌리를 내리니 2022년 임인년을 맞아 우울증으로 세상을 떠났다.

게임을 하면 돈을 소비하지만 게임을 만든면 거금을 빌게 된다.

정몽헌

(1948. 9. 14.~2003. 8. 4.)

스스로 생을 마감한 재벌2세

시 일 월 년	[대운] 59 49 39 29 19 9
무 임 신 무	정 병 을 갑 계 임
신 인 유 자	묘 인 축 자 해 술

임수일간으로 신강사주이다. 금수기운이 강하므로 식신 인목을 용신으로 삼는다. 그래서 문학가를 꿈꾸었고 국문과를 졸업하였으나 아버지의 뜻에 따라 경영학을 전공하여 석박사 학위를 받고 그룹경영에 참여하였다. 그러나 원국을 보면 일시지가 인신충으로 금목상전이 되니 기신인 편인 경영학과 식신 문학이 서로 손상을 입고 2003년 인대운 계미년에 운명을 달리 하였다. 이전 병대운도 화운이니 나쁘지 않을 것 같으나 병신합수되어 정신적으로 고통을 많이 받아오다가 계미년 천간은 무계합으로 묶이고 지지로 용신 인목이 들어오니 좋을 것 같으나 미토는 관성 작용이라 현대아산 회장으로서 대북

사업과 관련된 불법 송금 사건의 책임자로서 자미와 유인 원진살이 작용하여 정신적 스트레스를 크게 받았다. 그래서 56세에 극단적 선택을 하였고 인목 중 병화에 해당하는 부인 현정은이 현대그룹을 이어받았다.

부친이 대기업 회장이더라도 자기의 적성과 그릇에 넘치면 사업을 맡지 말았어야 한다.

손정의

(1957. 8. 11.~)
높은 산에 야무지게 뿌리를 내린 꽃

시 일 월 년	[대운]	72	62	52	42	32	22	12	2
계 을 무 정		경	신	임	계	갑	을	병	정
미 묘 신 유		자	축	인	묘	진	사	오	미

가을철 을목이 뿌리가 단단하므로 흙으로 다져주는 것이 좋겠다. 화토운이 길운이고 금운이 오면 극복해 나갈 수는 있지만 금생수, 수생목할 우려가 있어 불리하다. 초년부터 정미, 병오, 을사, 갑진대운이 화토운이라 집안이 잘 풀리고 미국으로 유학해서 대학을 졸업하고 유통 사업으로 큰돈을 벌었다. 소프트뱅크의 회장으로서 42세 1998년경에는 계대운이라 무계합화되어 급속히 성장하였으나 40대 후반 묘대운에는 을목이 너무 강해져 거품이 꺼지므

로 자산이 하락하였다.

임인대운(2008~2017)은 정임합하고 인신충하여 반흉반길하는 운세라 사업이 오르락내리락하였다. 2018년 이후 신축대운은 친근은 불티하고 시지에서 축미충으로 도와주니 초반에 대량 손실을 보다가 후반기에 점차 회복하겠다.

꽃나무 아래에 큰 바위가 있으니 흙으로 다져주면 최상이다.

마크 저커버그

(1984. 5. 14. ~)

SNS소셜 네트워크 사업으로 세계에서 손꼽히는 대재벌이 됨

시 일 월 년	[대운]	58	48	38	28	18	8
을 무 기 갑		을	갑	계	임	신	경
묘 신 사 자		해	술	유	신	미	오

페이스북의 창업자로 지금의 회사명은 메타이다.

무토일간이 여름에 태어나서 천간에 돕는 세력이 있으니 신강내지 중화에 가깝다. 지지를 보면 사신합이 있으나 계절이 여름이라 합수가 되기는 어려워 묘신암합과 자사암합이 된다고 봐야 한다. 약간 신강하다고 볼 때 일지 신금중의 금을 용신으로 하고 수는 희신이 된다. 경오대운의 오는 자오충으로

날려버리니 흉운을 이겨버리고 신미대운의 미는 묘미합 작용으로 겁재를 묶어버리니 나쁘지 않다. 따라서 계유대운까지 금수운이 무토를 설기시켜 주니 젊은 나이에도 불구하고 식신생재로 최상의 부를 이룩하게 된다. 신금의 한 종류로 컴퓨터에 뛰어난 기술을 보여 프로그램을 개발하고 사업화하여 세계적인 대성공을 거두게 되어 단기간에 엄청난 거부가 되었다. 지지의 두 개의 암합이 사업에 긍정적인 영향을 미쳐서 놀라운 성장을 한 것으로 추측된다.

암합이란 '사자'와 '묘신'의 경우에서와 같이 지장간속의 오행끼리 합을 이루는 경우이다. 사중 무토와 자중 계수가 무계합을 하고 묘중 을목과 신중 경금이 을경합을 이룬다.

제프 베이조스

(1964. 1. 12.~)
사업가로서 잘 제련된 인물

시 일 월 년	[대운]	63	53	43	33	23	13	4
정 경 을 계		무	기	경	신	임	계	갑
축 신 축 묘		오	미	신	유	술	해	자

경신일주가 축토 2개의 생조를 받고 있으므로 신강한 사주이다. 정화 관은 비록 약하지만 상관과 재성이 강하여 사업가로서 대성할 운명이다. 금수

도 탄탄하고 목화 기운도 힘이 있으므로 잘 짜여진 사주 원국으로 보아서 불리한 대운도 무난히 돌파해 나갈 것으로 판단된다. 1994년 아마존 닷컴을 설립하였는데 31세 갑술년으로 재운을 맞는 좋은 시기였다. 2019년 이혼한 해는 56세 기토 대운 기미년으로 신강한 금이 강화되어 불리한 운세였기 때문에 갈라서게 되었다. 58세부터 62세까지 미대운은 묘미합목으로 재성운이므로 최고의 부를 축적하여 세계에서 탑의 자리에 서게 되었다.

현대의 추세에 맞게 전자상거래를 사업화하여 세계적 부자가 되었다.

워런 버핏

(1930. 8. 30.~)
어릴때부터 장사로 시작한 금융업의 귀재

시 일 월 년	[대운]	94	84	74	64	54	44	34	24	14	4
정 임 갑 경		갑	계	임	신	경	기	무	정	병	을
미 자 신 오		오	사	진	묘	인	축	자	해	술	유

임자 제왕일간이 신월에 태어나 득령하고 신자합수가 되니 신강한 편이다. 1, 2대운부터 상관과 편재운이 들어 어린 나이부터 장사를 해서 돈을 만들었다. 금수운은 불리하고 목화운에 성공할 수 있으며 토운은 수를 억제할 수 있으니 평탄한 운이다. 30대 초반 해운은 비록 수운이나 원국의 미와 합목이 되

므로 길운으로 변한다. 대운 천간에 금수운이 오더라도 금생수, 수생목으로 변화 가능하니 큰 손실 없이 넘어갈 수 있다. 전체적으로 사주 원국과 대운의 추세가 상격이 되므로 관은 높지 않더라도 사업의 귀재로서 대재벌이 되었다. 2012년은 계대운 임진년으로 수가 너무 왕해지니 전립선암이 걸렸으나 다음 대운이 목화로 흐르니 회복되었고 원국 자체가 오행이 잘 구성되어 있어서 장수할 운명이다.

부와 건강운 둘 다 좋은 구조이다.

일론 머스크

(1971. 6. 28.~)

강한 경쟁력을 보유한 대사업가

시 일 월 년	[대운]	58	48	38	28	18	8
을 갑 갑 신		무	기	경	신	임	계
축 신 오 해		자	축	인	묘	진	사

갑목일간이 여름철 태생이지만 천간에 목이 3개이고 지지 축, 신, 해에 수기가 내장되어 있으니 그렇게 약한 사주가 아니고 적절히 중화된 구조라고 생각된다. 따라서 대운에 크게 영향받지 않고 마음먹은 대로 인생을 펼쳐갈 수 있을 것이다. 집안도 부유했고 월지에 상관이 격을 이루므로 기술개발에

도 뛰어난 능력을 발휘하는 사업가가 되었고 현재는 세계에서 제일가는 갑부
가 되었다. 년지 해는 암록이고 시지 축은 천을귀인이라 사회생활이나 경영
에서 어려움이 닥쳐도 주위의 조력을 받아서 무난히 이겨나갈 것이다. 관성
도 간지에 튼튼히 자리잡고 있어서 자녀를 6명이나 두고 있다. 현재는 기축
대운 중반이라 재성운이므로 사업가로서 재산을 불리는 데 있어서 최고의 전
성기를 누리고 있다고 보여진다.

강약이 균형을 이룬 중화된 정신력의 소유자로 무슨 일을 벌이던지 실패하
지 않는다.

김범수

(1966. 3. 8.~)

PC방에서 출발해 대기업을 일굼

시 일 월 년	[대운]	70	60	50	40	30	20	10
임 병 신 병		무	정	병	을	갑	계	임
진 인 묘 오		술	유	신	미	오	사	진

병화일간이 득령하고 목화세력이 주를 이루고 있어 목화에 종하는 구조이
다. 초년은 어려운 과정을 겪었으니 20대 중반 사대운부터 50대 중반 병대운
까지 목화운이 득세하니 연구와 사업에 전념하여 재벌급의 부를 축적하게 되

었다. 년에 양인살과 시에 괴강살을 갖추고 있어 굉장한 기술력과 경영 능력을 보유하고 있다. 또한 묘하게도 인묘가 공망이라 불리한데 시의 진과 합세해서 인묘진 목국이 되니 흉변위길되어 많은 조력자를 얻게 되었다.

대형 pc방 창업을 시작으로 게임 산업에 뛰어들어 '한게임'을 창업시키는 등 회사를 키우고 '카카오'라는 모바일메신저를 개발해서 엄청난 회원 수를 기반으로 카카오톡을 급속도로 성장시킨다. 그리하여 계속된 사업 확장의 결과 병대운 54세 때는 회사를 대기업 수준으로 끌어올렸다. 50대 후반은 신금 대운이라 용신과 역행하니 사업에 불리한 사건, 사고를 겪게 된다. 그러나 원국 자체가 워낙 탄탄해서 웬만한 어려움은 극복하고 넘어갈 것으로 예상된다. 시대의 조류에 맞는 업종을 사업화하면 유리하다.

정주영

(1915. 11. 25.~2001. 3. 21.)

박정희 정부아래서 중공업을 일으킨 창업주

시 일 월 년	[대운]	86	76	66	56	46	36	26	16	6
신 경 정 을		무	기	경	신	임	계	갑	을	병
사 신 해 묘		인	묘	진	사	오	미	신	유	술

경금일간이 사신합으로 신강하므로 화를 용신으로 하고 목이 희신이 된다.

수운도 수생목, 목생화로 순환이 되므로 나쁘지 않다. 강한 일간이 천간에 을목 재성이 지지에 해묘반합목국에 통근하고 있으므로 재가 왕한 사주라 큰 재벌이 될 수 있는 구조이다. 천간 대운으로 경신이 오더라도 원국에 정화가 낙을 수 있으므로 큰 탈 없이 넘어갈 수 있다. 그러므로 초년부터 75세까지는 20, 30대 초반에만 약간의 어려움을 겪었을 뿐 사업가로 계속 발전해 나갈 수 있었다. 그러나 말년인 기묘대운에는 토생금으로 강한 일간이 힘을 더 받으므로 과욕을 부려 괜한 정치를 시작했다 실패하게 되었고 묘신암합이 되어 큰돈을 낭비하게 되었다. 2001년 87세는 무인대운초 신사년이라 균형을 유지해야 할 일간이 과도하게 강해져 사망에 이르렀다.

불도저같은 뚝심으로 어떠한 곤란도 극복하는 강인한 정신력만 갖춘다면 큰 인물이 된다.

이재용

(1968. 6. 23.~)

선대의 부를 이어받은 삼성그룹의 재벌3세

시 일 월 년	[대운]	75	65	55	45	35	25	15	5
을 갑 무 무		병	을	갑	계	임	신	경	기
해 자 오 신		인	축	자	해	술	유	신	미

갑목이 득령은 못 했으나 일주와 시주의 세력이 목을 생조하니 신강하다. 토가 용신이 되고 화, 금은 희신이 된다. 초년부터 50세까지는 임대운을 제외하고는 무난한 운으로 진행되었지만 이후는 목이 너무 강화되니 좋지 않다. 배우자인 대상그룹 임세령 부회장과 1998년 결혼해서 1남 1녀를 두고 2009년 기축년 42세때 합의 이혼했다. 2017년 50세부터는 해해 자형이 성립되니 5년 사이에 불법 경영 문제로 기소되어 수차례 수감 생활을 하다 석방되었다. 현재 2020년 10월 이건희 회장의 사후 삼성그룹의 회장이 되었지만 경영권 불법 승계와 분식 회계 문제 등 위법 행위로 앞으로도 순탄한 경영을 해나가기 힘들게 보인다.

정상적인 경영보다는 편법과 불법행위로 부를 늘리려다 형벌을 받게 되었다.

스티브 잡스

(1955. 2. 24.~2011. 10. 5.)

IT기업인 애플의 창업주

시 일 월 년	[대운]	57	47	37	27	17	7
기 병 무 을		임	계	갑	을	병	정
축 진 인 미		신	유	술	해	자	축

신강한 병화일간이 식상생재하는 사주로 초년 정축, 병대운까지는 어려움

이 많았고 자축합토가 되므로 22세에 창업에 성공하였으며 32세 해대운에 진
해원진으로 애플 내부에서 미움을 받아 쫓겨나 따로 회사를 차렸다. 42세 술
대운에 진술충으로 다시 회사가 변동되어 애플로 돌아갔으며 57세 신묘년 임
대운초에 병신합, 임기극으로 기토가 임수에 손상당하니 췌장이 손상되어 일
찍 세상을 뜨게 되었다. 그 이전 유대운부터 진유합, 진축파, 유인원진으로
돈은 잘 벌었으나 건강이 훼손된 결과였다. 시지의 축중 신금이 주식에 해당
하는 재물이고 용신으로 작용한다. 70억 달러에 이르는 큰 부자가 되었음에
도 불구하고 2009년 간이식 수술을 받고 2011년 10월 5일 췌장암으로 사망하
였다.

    아무리 부자가 되어도 건강이 동반되지 않으면 일찍 사망하게 된다. 즉 재
물운과 건강운은 별개의 문제이다.

빌 게이츠

(1955. 10. 28. ~)
컴퓨터 소프트웨어 회사인 마이크로소프트의 회장

시 일 월 년	[대운]	77	67	57	47	37	27	17	7
경 임 병 을		무	기	경	신	임	계	갑	을
술 술 술 미		인	묘	진	사	오	미	신	유

빌 게이츠는 2023년 현재 69세로 누구나 알다시피 1995년부터 20여 년간을 세계 최고의 부자였고 지금도 세 번째 정도는 된다. 1955년 10월 28일에 태어난 그는 1975년 다니던 하버드대를 중퇴하고 폴 앨런과 마이크로소프트사를 공동 창업한다. 1985년 처음 윈도우 버전을 출시하고 개인용 pc 소프트웨어로 컴퓨터 산업을 주도하였다. 2000년 이후로는 회사 운영보다는 자선재단 운영에 주력하고 있다. 빌 게이츠의 사주는 상당히 특이하다. 임수일간으로 임술, 경술 괴강에 을미, 병술 백호를 가지고 있어 사업체의 총수가 될 기질이 있고 백호살이 흉보다는 길한 작용을 하여 두뇌명석하고 리더십과 강한 추진력을 지녔다. 임수일간이 신약하게 보일 수도 있지만 편인 경금이 세 지지에 모두 통근하고 있어 결코 약하지 않다. 년간 을은 상관이고 월간 병은 편재로서 모두 지지에 뿌리를 내리고 있어 상관생재로 크게 성공할 구조이다. 따라서 병화가 용신이 되고 대운이 목화운이라면 최상인데 실제 그러한 운으로 흐른다. 22세 신대운도 년간 을과 암합이 되니 좋게 변하여 창업에 성공하였다. 술월이라 병화가 필요한 동시에 상관 을목의 기술로 사업을 일으켜 큰돈을 벌게 되고 지지에 관성이 4개 있는데 미술 형살이 있어 기토가 없는 듯하므로 3명의 자식을 두게 되었다.

괴강2,백호2을 가진 특이한 성격을 기술개발로 집중해 거대기업을 만들었다.

방시혁

(1972. 8. 9.~)
음악산업에 진출해 초대형 갑부로 성장

시 일 월 년	[대운]	70	60	50	40	30	20	10
갑 임 무 임		을	갑	계	임	신	경	기
진 신 신 자		묘	인	축	자	해	술	유

임수일간이 극왕하므로 수에 종하고 금과 목이 희신이 된다. 대운을 보면 간지 모두 금수목으로 연속되니 대박이 터질 수 있는 사주 운세이다. 2005년 독립해서 빅히트를 설립한 해는 34세 신해대운중 을유년이었다. 2017년 방탄소년단이 세계적으로 유명해졌는데 이때는 46세 임자대운 정유년이었다. 수운은 대길한 운이고 정화는 임수와 합하여 목으로 변하니 최고 전성기를 맞게 된 것이다. 방시혁이 2024년 현재 아직 미혼인 이유는 임수일간일때 정화가 배우자에 해당하는데 사주원국에 결여되어 있고 대운에서도 만나지 못해서이다. 자신의 인맥을 잘 활용하면 작곡을 통해서도 거대한 부를 이룩할 수 있다.

연예인

남궁원

(1934. 8. 1. ~ 2024. 2. 5.)

1960, 70년대 유명한 영화배우

시 일 월 년	[대운]	83	73	63	53	43	33	23	13	3
경 갑 신 갑		경	기	무	정	병	을	갑	계	임
오 진 미 술		진	묘	인	축	자	해	술	유	신

　갑진일생이 미월태생이라 실령하고 지지세력이 약하니 신약하여 생조받는 수목운이 길운이라 20대 중반부터 해자축인묘대운까지 평탄한 운이 펼쳐진다. 그러나 갑목이 일월에 뿌리를 두고 있으니 어느 정도 힘이 있는 편이다. 천간의 두 금이 갑과 충돌하고 지지에 조열한 화토가 대세이니 운이 좋을때는 문제가 없으나 흉운에는 금기가 위태로워 보인다. 25세 갑대운중 1958년 무술년부터 영화계에 진출하여 1960, 70년대에 얼굴을 크게 알렸다. 정관과 편관 두 개가 투출하였으니 아들과 딸을 두었고 미토가 천을귀인에 반안이고 진토가 금여라 좋은 신살을 타고났다. 2024년은 진대운중 갑진년으로 재성운에 진술충이 되니 불리한 중에 갑을목세력이 강해져 경신금을 파괴시키니 폐에 암이 생겨 세상을 떠나게 되었다.

　잘생긴 외모는 영화배우로서 주연에 딱 어울린다.

커크 더글러스

(1916. 12. 9 ~2020. 2. 5.)

〈스파르타쿠스〉, 〈해저2만리〉등의 영화에 출연

시 일 월 년	[대운]	100	90	80	70	60	50	40	30	20	10
갑 경 경 병			경	기	무	정	병	을	갑	계	임	신
신 진 자 진			술	유	신	미	오	사	진	묘	인	축

경진 괴강일주로 지지가 신자진 수국을 이루니 과단성 있는 성격에 예술적 재능 발휘에 소질이 강하다. 자월 태생이라 강약을 물문하고 조후를 우선시 한다면 목화를 희용신으로 삼는다. 비록 토금운은 조후와 상반되나 약한 일 간을 도와주니 그리 나쁘지 않은 운세이다. 초년은 병신합으로 기반이 되어 용신이 묶이니 어려운 가정환경에서 고생하였으나 26세 인대운에 목기운에 인신충하니 군대에 징집되어 부상을 당하였고 30세 계묘대운부터 수생목, 목 생화로 영화계에 진출하였다. 30대 중반에 묘신암합되고 40대 전반에 갑운 이라 목생화가 잘 되니 배우로서 크게 성공하였다.

1943년 인대운 계미년에 목화기가 강해지니 결혼하였고 1951년 신묘년에 병신합되니 이혼, 다시 1955년 을미년에 목생화되니 두번째 결혼, 2004년 89 세 신대운 갑신년에 금기가 과다하여 금다 목절되니 재성인 부인과 사별하였 다.

1991 신미년에 병신합되니 헬기 사고를 당하였고 81세 1996년 병자년에는

천간지지로 수화가 충돌하니 뇌졸중에 걸렸다. 목화토금수 오행이 잘 구비되어 있으니 100세 넘게 장수하였는데 2020년 경대운 무술년에 병화가 2경과 충하고 지지에서 진술충하니 화기의 뿌리가 꺼짐으로 사망에 이르렀다.

원국의 오행이 균형잡혀 있으니 100세 넘게 장수했다.

쟈니윤

(1936. 10. 22. ~ 2020. 3. 8.)

미국의 한국계 코미디언

시 일 월 년	[대운]	76	66	56	46	36	26	16	6
임 정 무 명		병	을	갑	계	임	신	경	기
인 축 술 자		오	사	진	묘	인	축	자	해

정화일간이 식상이 다수라 신약하나 축인암합, 자술암합되어 화기가 강화되니 그렇게 약하지 않다. 따라서 목화운에 대발할 수 있는데 대운을 보니 30세 축대운에 자축합, 인술합화되니 흉변위길되어 상관의 역량을 방송계에서 뛰어나게 발휘하여 미국의 유명 코미디언으로 인기를 끌었다. 이후 대운지지가 인묘진사로 진행되고 인시의 역마기가 강력히 작용하니 미국 뉴욕을 거쳐 LA로 진출해서 인기를 유지하다 1988년 한국으로 귀국해서 방송의 메인 MC가 되어 '쟈니윤 쇼'로 크게 이름을 알렸다. 1999년 진대운 기묘년에 진술충하

고 묘술합화되니 늦은 나이지만 결혼을 하였고, 2000년대 초반까지 방송 생활을 하다 2010년 경인년 재성과다가 되니 이혼하였고 2016년 뇌출혈과 치매로 고생하다 2020 경자년 금극목하니 목기가 나격을 크게 받아 사망하였다.

상관의 특성인 언변을 잘 살려 미국과 한국을 오가며 코미디언과 MC로서 이름을 크게 알렸다.

채드윅 보스만

(1976. 11. 29.~2020. 8. 20.)
영화배우로 전성기에 암으로 사망

시 일 월 년	[대운]	43	33	23	13	3
기 을 기 병		갑	계	임	신	경
묘 유 해 진		진	묘	인	축	자

을일간이 해묘목국으로 신강한데 묘유충을 겸하니 금이 파괴되어 대장이 손상된다. 초반대운이 을경합, 병신합되고 수목운이라 매우 불리한 운세라 무명 생활을 오래 하다 41세부터 식상생재가 잘 되어 2016 병신년부터 이름을 알리고 2018 무술년에 마블 영화에 출연하여 크게 히트하였다. 그러나 2020 갑대운의 경자년에 을경합으로 원국의 목기가 너무 왕한데 대운도 목

운이라 합금으로 유도되지 못하고 오히려 화목으로 변질되어 대장암에 걸려서 건강이 급격히 악화되므로 젊은 나이에도 불구하고 사망하게 되었다. 목기가 지나치게 왕성해 금기를 극상하므로 스타덤에 오르자마자 세상을 떠났다.

현미

(1938. 1. 28.~2022. 4. 4.)

화기운이 상대적으로 부족함

시 일 월 년	[대운]	83	73	63	53	43	33	23	13	3
임 경 계 정		임	신	경	기	무	정	병	을	갑
오 신 축 축		술	유	신	미	오	사	진	묘	인

경금일간이 지지에 토금이 강하여 신강하고 축월 한겨울에 태어났으니 목화를 필요로 하여 강약과 조후가 일치되는데 대운의 향방이 목화운으로 흐르니 스타가 될 자질을 갖추었다. 1957년 현시스터즈로 미 8군 무대에서 데뷔하였고 1960년대 최고의 인기 가수였다. 가수로서 수많은 히트곡을 남겼으며 2022. 4. 4.일 임대운 말 계묘년에 수기가 왕성해지고 화기가 사그라지니 심정지가 원인이 되어 사망했을 것으로 판단된다.

화기가 수기운에 의해 극상당하면 심정지가 발생한다.

김영애

(1951. 4. 21.~2017. 4. 9.)

타 오행에 비해 토기가 심히 빈약함

시 일 월 년	[대운]	76	66	56	46	36	26	16	6
경 신 임 신		경	기	무	정	병	을	갑	계
인 묘 진 묘		자	해	술	유	신	미	오	사

신묘일주로 진월에 태어나 득령했으나 천간에서만 뒤받쳐 주니 약간 신약하다. 토금운이 길하다고 보는데 지지로 화운이 들면 화생토, 토생금으로 생조되니 흉변위길이 된다. 그래서 20세 오대운에 탤런트로 진로를 변경하여 인기를 끌다가 미대운중 정화 관성이 들어있으니 남자 관계로 스캔들을 일으켰고 이혼 후 정화 편관대운중 48세에 재혼을 하였다.

2000년대 중반 무술대운이 대길하니 사업이 크게 성공하였으나 2007년 정해년 정임합으로 목국이 왕해져 토 기운을 제거해버린 결과 패망하고 이혼까지 당했다. 원국의 구조가 목왕하고 토기운이 허약한 관계로 술대운에 묘술합되니 췌장암에 걸리고 67세 기대운 정유년에 정임합목되니 토 기운이 목기와 금기에 극설을 심히 당하여 사망하였다.

습한 토기운이 목과 금기에 의해 크게 손상되니 췌장암에 걸렸다.

김수미

(1949. 10. 24.~2024. 10. 25.)

심장의 화기가 너무 약한 것이 근본 문제

시 일 월 년	[대운]	72	62	52	42	32	22	12	2
을 병 임 기		경	기	무	정	병	을	갑	계
미 신 신 축		진	묘	인	축	자	해	술	유

　병화 일간이 신월에 출생하여 실령하고 목화 기운이 미약하므로 신약한 사주이다. 따라서 인성과 비겁이 길신이 된다. 대운을 살펴보면 10대부터 40대까지 천간이 돕고 50대와 60대는 지지에서 생조하므로 TV 드라마에서 누구나 알아주는 배우로 활약했다. 72세부터 경금대운이라 재성운으로 재다신약 사주로서는 감당하기 힘든 가운데 2024년 갑진년을 맞아 갑기합토로 신약한 일간의 설기가 극심해지니, 목화 기운이 고갈되어 고혈당으로 건강이 악화되면서 10월 25일 갑술월 임술일에 심정지를 일으켜 급작스레 사망했다. 갑술월에 다시 갑기합이 되어 심혈관이 매우 쇠약해졌는데 임술일에 병임충으로 심장에 충격을 가하니 더 이상 생명을 유지하기 어렵게 되었다.

　사람에게는 심장이 가장 중요한 장부인데 뿌리가 너무 약해 심장마비가 오게 된다.

주윤발

(1955. 5. 18.~)

중화권에서 태어난 세계적 영화배우

시 일 월 년	[대운]	65	55	45	35	25	15	5
무 기 신 을			갑	을	병	정	무	기	경
진 묘 사 미			술	해	자	축	인	묘	진

기토일간이 사월에 태어나 득령하였고 무진 괴강을 차고 있으니 신강하다. 따라서 월간 신을 용신으로 고려할 수 있으나 년간 을과 충하므로 사용치 않고 일지 묘목을 용신, 진중 계수를 희신으로 삼는다. 그래서 묘대운, 무인대운에 영화 배우로서 성공 가도를 달렸고 1980년대 말에 최전성기를 맞이하였다. 본인의 물상은 약간 조열하면서 크고 넓은 대지이므로 수분을 잘 공급하면서 나무를 키우니 엄청난 결실을 거두게 된 것이다.

2000년 병대운 경진년에는 서구권에도 이름을 날렸는데 병신합수되고 세운에서 금생수로 생조하니 금수목이 상생유통으로 대발하여 미국 시장에서 대히트를 쳤다.

원국의 병을 제거하는 시기에 최고의 전성기를 맞는다.

백지영

(1976. 3. 25.~)

댄스가수로 출발, 스캔들에도 불구하고 톱가수로 우뚝 섬

시 일 월 년	[대운]	47	37	27	17	7
경 병 신 병		병	정	무	기	경
인 자 묘 진		술	해	자	축	인

병자일주로 묘월출생이라 득령하였으며 인묘진 목국으로 인성이 강하게 자리잡고 있으니 신강사주가 되어 토금수가 길신이 된다. 토는 화기를 설기시키는 용신이고 수는 화기를 극하니 희신이 된다. 금은 왕성한 목기를 억누르는 역할을 할 수 있으나 지지로 오면 금생수나 합화수가 될 우려가 있으므로 소흉으로 판단한다. 천간으로 신금이 오면 병신합수되니 길, 경금이 오면 병경충이라 병신합수가 깨지면서 화금이 충돌하니 사회적으로 사건이 터져 흉운이 된다. 또한 원국에 자묘형살이 작용하니 잘 나가는 중에 어려움을 겪게 될 팔자이나 강한 일간의 힘으로 극복하게 된다. 또한 일지 관살로 남편이 제자리에 위치하고 있으나 자묘형이라 쉽게 이루어지기 어렵고 늦은 나이에 결혼이 성사된다.

1999년 기묘년은 축토 대운이고 용신세운이라 댄스가수로 데뷔하여 성공가도를 걷는다. 그러나 다음해 2000년 경진년은 병신합이 풀어지면서 병경충이 되니 원국에서 길흉이 동시에 발생한다. 그 결과 발표한 곡들은 크게

103

히트를 하였음에도 불구하고 전 남친이 동영상 유출 스캔들을 일으켜 피해를 입게 된다. 2001년 신사년은 병신합수로 변화되니 방송계에서 환영은 못 받았지만 가요계로 복귀하였다. 2003년 무토대운 계미년에 수운을 맞아 지상파 방송 3사의 프로에 출연하였고 2004년 갑신년에는 대운의 환경은 좋았지만 목운이라 형세가 불리하게 흐르니 모든 준비가 된 상태에서 5집앨범의 발매가 무산되었다. 2006년 무대운 병술년에 대운은 길하지만 세운이 흉한 관계로 소속사의 부도를 겪은 후에 어렵사리 제작사를 구해서 5집 앨범을 발매하게 된다. 그러다가 2008년 자대운 무자년을 맞아 대운 희신에다 세운 용신운이 되니 대운과 세운이 무계암합되어 '총 맞은 것처럼'이 초대박을 치고 박지영은 톱스타 반열에 오른다. 2009년 기축년, 2011년 신묘년은 세운이 길하니 OST로 대박을 치고 2013년 정대운 계사년에 관운이 강하게 들어오니 결혼을 하게 된다.

2015년 을미년에는 원국의 년월간이 병신합수되고 을경합금, 금생수되니 비록 대운은 하락세이지만 관운이 상승하여 방송 프로의 심사위원과 라디오 프로의 진행자를 맡게 되고 2018년 해대운 무술년에는 희신대운에 용신세운이니 방북 예술단 대표로 참석하였다. 인생길이 잘 풀리는 중간에도 어려움을 겪을 수가 있으나 실망치 말고 전진하다보면 운수대통하게 된다.

장국영

(1956. 9. 12.~2003. 4. 1.)

스스로 삶을 마감한 중국의 인기배우

시 일 월 년	[대운]	49	39	29	19	9
경 임 정 병		임	신	경	기	무
술 오 유 신		인	축	자	해	술

임수 일간이 유월에 태어나 득령하였으나 주변의 화기가 더 강력하고 신유가 공망이라 신약하다. 그래서 금수운이 길하고 토운은 일간을 극하므로 불리하나 간지에 인성이 자리잡고 있어 토생금, 금생수로 순환시키니 흉변위길이 된다.

화오행이 4개나 되니 재다신약으로 수가 용신이 됨이 분명하다. 오술합으로 재가 입묘하고 경술 백호를 차고 있으니 말년에 접어들면 돈은 벌리나 여자는 사라져서 좋은 듯하면서도 위험이 내포된 사주이다. 장국영은 원국에서 재와 인성의 역량이 미흡하던 중 대운이 토금수운으로 흐르니 좋은 환경 덕분으로 가수와 배우로 대성공을 거두게 된다. 경자, 신대운까지는 무탈한 길을 걸었으나 45세 이후 축대운에 이르러 축술형을 당하고 2003년 계미년을 맞이하여 용신인 계수가 지지에서 축미충으로 손상되고 병정화기에 의해 증발하니 의지할 바를 찾지 못하고 투신하고 말았다.

축술미 삼형살운에 인생의 의미를 잃고 세상과 이별하였다.

거미

(1981. 4. 8.~)

귀인의 도움을 받아 가수로 성공

시 일 월 년	[대운]	50	40	30	20	10
정 병 임 신		정	병	을	갑	계
유 진 진 유		유	신	미	오	사

완도 출신이고 오빠 1명 있다. 진유합금에 임수가 투간해서 수에 종하는 격으로 볼 가능성도 있으나 병화일간이 지지에 인성을 깔고 있으므로 신약으로 보는 정격 사주이다. 그러므로 목화대운에 대발할 수 있고 유가 귀인이면서 합을 이루니 재성의 도움으로 큰 성공을 이룬다. 2003년 계미년에 1집, 2004년 갑오년에 2집, 2005년 을미년에 3집을 내면서 점점 히트곡 수를 불려 나갔다.

2016년 을미대운 중반 병신년에 목화의 기운이 도와주니 '태양의 후예(You Are My Everything)'와 '구르미 그린 달빛(Moonlight Drawn by Clouds)'의 OST를 발매하여 드라마와 함께 큰 인기를 얻었다. 2018년 무술년에 기신인 임수를 극하면서 10월 8일 배우 조정석과 결혼하였다. 즉, 임수는 관살로 일간을 극제하니 원국에서 문제가 되는 병인데 식신으로 치명적인 살을 제거하니 길로 변화하여 운세가 트였다.

신약인 경우 생조받는 것외에 자신을 극하는 관살을 제거하면 더 큰 복이 된다.

장두석

(1957. 9. 29.~2024. 7. 22.)

여자와 인연이 약한 개그맨

시 일 월 년	[대운]	68	58	48	38	28	18	8
을 갑 기 정		임	계	갑	을	병	정	무
축 진 유 유		인	묘	진	사	오	미	신

갑진일주가 진, 축의 지지에 통근하고 있으니 약간의 힘을 갖추고 있으나 진유합과 유축합으로 금국이 이뤄지니 과다한 금기를 약화시키기 위해 정화로 극해 주는 것이 시급하여 정화를 용신으로 취한다. 그러므로 정화가 합거되거나 갑이 뿌리를 내리면 오히려 신약해지니 위험하다. 이에 따라 정미, 무신, 을사대운은 길운이지만 계묘, 임인대운은 불길한 형세이다. 24세 1980년 미대운에 정화가 통근하고 축미충하니 화로 금을 제압하여 병대운까지 전성기를 누렸다. 천간에서 갑기합이 보이니 여자에 대한 관심은 있었는데 지지에서 일주가 백호살에 해당하고, 재성이 관성인 금 기운으로 변화함에 따라 여자와 인연이 닿지 않아 독신으로 생을 마감한 것으로 보인다. 기토의 월지가 유금인데 유축합으로 묘지로 수렴하여 여자가 무덤에 들어가 있는 형상이니 운명이 방해한 것이다.

1990년대 초에는 부채 도사로 인기를 끌었으나 중반 이후로 인기가 시들해지자 가수와 명상센터 운영으로 방향을 선회했다. 하지만 결과가 좋지 않았다. 진대운인 신묘, 임진, 계사년인 2011~2013년에는 갑목이 생조되어 라디오 방송을 진행하였고 이후 교통 방송 진행을 맡다가 방송계를 떠났다. 68세 임대운에 정임합목되고 갑진년을 맞으니 기존의 당뇨, 신장병에 심장 이상이 동시에 발생하여 사망한 것으로 여겨진다. 2024년 7월 22일은 신미월 정해일로써 일간인 갑이 갑기 쟁합되고 정화 2개가 임과 쟁합, 을신충하여 천간 4자가 모두 힘을 잃어 제 역할을 못 하고 작동 불능이 되니 정신이 온전히 보전될 수가 없다.

　일주에 백호살이 들면 자신이 피를 흘리고 죽게 된다.

현 철

(1942. 6. 17.~2024. 7. 15.)

늦은 나이에 인기를 얻은 유명가수

시 일 월 년	[대운]	78	68	58	48	38	28	18	8
경 신 병 임		갑	계	임	신	경	기	무	정
인 축 오 오		인	축	자	해	술	유	신	미

　오월 여름철의 신금일주가 수기도 갖추고 있어 잘 다듬어진 보석과 같은 존재인데 화의 세력이 너무 강해서 신약이 되었으므로 금수운이 길하겠고 토운은 토극수할 염려가 있으므로 평운 정도나 되겠다. 1966년 신대운 병오년,

1969년 기대운 기유년, 1974년 기대운 갑인년에 앨범 발표와 음악 활동의 변동을 시도했으나 세운이 좋지 않아 인기를 얻지 못하고 무명으로 한때를 보냈다. 그러다가 1982년 41세 경대운 임술년에 대운과 세운이 모두 길하니 발표한 노래가 인기를 얻었다. 1985년도 술대운 을축년에도 술토가 생금하고 을경합금되니 리메이크곡으로 히트를 쳤다. 이후 1988년에 정점을 찍었는데 술대운 무진년이라 무토운은 평범하지만 원국의 임수가 진토에 통근하니 대길운이 되어 '봉선화 연정'으로 가요대상까지 수상하였다. 1990년도에도 천간 신대운 경오년이라 금기가 왕해지니 2년연속 가요대상을 수상하였다. 1998년 해대운 무인년, 2002년 61세 임대운 임오년까지 정상급 트로트 가수로서 인기를 유지했다. 그런데 나이가 들어가면서 2007년 자대운 정해년에 자오충하고 정임합되니 기신이 날뛰어 추락 사고를 당해 부상을 입었다. 그래도 2010년 계대운 경인년까지는 활발히 활동을 이어나갔으나 이후 2010년대 후반기에 건강이 안 좋은 모습을 보이다 2024년 83세 갑대운 갑진년에 재성운이 겹치자 경추 신경손상 후유증으로 신미월 경진일 병신합되고 목기와 금기가 상충하자 세상을 떠났다. 20여 년간 무명생활을 하다가 연이은 히트곡으로 최고의 트로트가수가 되었다.

짐 캐리

(1992. 1. 17.~)

코미디언 계열의 미국 영화배우

시 일 월 년	[대운]	64	54	44	34	24	14	4
병 을 신 신		갑	을	병	정	무	기	경
술 묘 축 축		오	미	신	유	술	해	자

  을목 일간이 록지에 임하였고 축월 동절기라 강약에 상관없이 병화를 용신으로 삼는다. 시간에 병화가 떠 있고 지지에 묘술합화 가능하니 용신이 강력하여 대운만 잘 만난다면 크게 성공 가능한 사주이다. 기해대운 중반부터 코미디계에 들어섰으나 무대 운까지는 운이 좋지 못하여 방송에서 순탄하지 못했다. 1990년 술대운부터 병화가 힘을 얻으니 인기가 올라갔고 1994년 갑술년에 목생화로 불을 크게 지피니 출연한 3작품 모두 흥행에 성공하였다. 1996년 정대운 병자년에 본인의 출연료는 최고를 기록했지만 일지와 자묘형 살이 되어 영화 자체의 흥행은 실패했다. 1998년 정대운 무인년은 화 기운이 충만한 해라 〈트루먼쇼〉로 흥행 성공하였으나 2001년 유대운 신사년은 금기가 강세로 화 기운이 손상되니 흥행에 실패하였다. 2003년 유대운 계미년은 묘유충하여 기신인 금수기운이 목화 기운으로 잘 유통 변화하니 〈부르스 올마이티〉로 엄청난 대박을 기록하였다. 2004년은 유대운 갑신년, 2005년은 병대운 을유년으로 목화 운세를 타니 모두 성공하였다. 2007년 병대운 정해년은 화운이지만 원국에 있던 병과 대운의 병이 모두 병신합수로 변하니 화 기운이 쇠약해져 실패하였다. 2008년 무자년에 다시 코미디로 복귀, 2009년은 기축년이라 토생금하니 흥행 실패, 그러나 2014년은 신대운 갑오년이라 천간 목생화하고 지지는 화극금 해주니 흥행 성공하였다. 2016년 을대운 병신년은 또다시 두 개의 병화가 병신합수 현상을 일으키니 실패하였다. 2020

년은 을대운 경자년으로 을경합을 하니 성과는 거두었다. 2024년은 미대운 갑진년으로 천간 목생화하고 축미충으로 수기를 약화시키니 12월 개봉예정 인 〈슈퍼소닉 3〉은 흥행이 성공될 것으로 예상된다.

브루스 윌리스

(1955. 3. 19.~)
꽃이 잘 자라는 평지의 형상으로 미국의 액션배우

시 일 월 년	[대운]	65	55	45	35	25	15	5
계 기 기 을		임	계	갑	을	병	정	무
유 묘 묘 미		신	유	술	해	자	축	인

기토일간이 묘월에 태어나 관살이 왕성하므로 목기에 종하여야 한다. 그런 데 시지의 유금이 있어 병이 된다. 유금을 기반시킨다면 완전한 종이 되어 운이 크게 트일 것이다. 종살격에 따라 수목이 길운이고 화토는 흉운이 된다. 1972년 정화 대운 임자년에 대운이 나쁘고 자묘형이 겹쳐 부모가 이혼하였다.

1987년 자대운 정묘년에 정계충을 일으킨 결과 재가 왕성해져 생관하니 흥 행에 성공하였고 데미 무어와 결혼했다. 1988년 무진년은 무계합, 진유합으 로 기반되니 〈다이하드〉로, 1990년 을대운 경오년에는 을경합되어 〈다이 하드 2〉로 흥행에 성공하였다. 1991년은 을대운 신미년이라 을신충하니 목이 약화되어 흥행에 실패하나 〈위험한 상상〉으로 만회되었다. 1992년 임신년 수가 지나치니 평타 기록, 1993년 계유년 수생목하니 성공, 1995년 해대운 을해년 목운이라 〈다이하드3〉로 성공, 1997년 정축년은 성세충하고 수기를 생조하니 〈제5원소〉로 성공, 1998년은 무인년은 무계합반되고 목기 강해 지니 〈아마겟돈〉 성공, 1999년 갑대운 기묘년으로 갑기합목되니 〈식스센스〉가 초대박 성공, 2013년은 계대운 계사년이라 수생목은 되지만 지지에서 사화가 기토를 생하니 길흉이 교차하여 3편의 영화 중 한 편만 성공, 2016년은 유대운 병신년이라 대운, 세운 모두 불리하니 도중 하차하였다.

2019년 임대운 기해년은 기토가 임수에 흡수되니 마지막으로 흥행 성공, 이후는 B급 액션 영화만 출연하는 내리막길을 걷고 있다.

대머리에 근육형 체격으로 세계적 배우가 되었다.

톰 행크스

(1956. 7. 9.~)

흥행성과 작품성 모두에서 성공한 배우

시 일 월 년	[대운]	60	50	40	30	20	10
계 정 을 병		신	경	기	무	정	병
묘 축 미 신		축	자	해	술	유	신

정화 일간이 미월에 태어나 신약한 편이라 목화가 필요하다. 초년에 병신대운이라 공부하기가 싫었고 정유대운에 영화에 관심을 가져 주립대에 편입하였다. 월간 을목이 어머니에 해당하는데 미토 묘고에 근을 두고 있어 축미충으로 묘지가 열리니 일찍 세상을 떠났다. 1980년도 경신년부터 영화에 데뷔하였고 1987 정묘년, 1988 무진년에 흥행에 성공하였다. 1991년 신미년, 1993년 계유년에 성공하였고 특히 1994년 갑술년에 〈포레스트 검프〉로 대박을 치고 아카데미 남우주연상도 수상하는 영광을 누렸다. 신미년은 병신합수후 수생목, 목생화로 길운으로 변화, 계유년은 수생목, 목생화로 생조하니 좋은 결과를 얻었다. 술대운 갑술년은 지지로 묘술합화되고 천간도 목생화되니 흥행과 작품성 모두에서 성공하였고 1998년 기대운 무인년은 기극계하면서 무계합화되니 역시 흥행에도 성공하고 여러 부문에서 아카데미상을 수상하였다.

어릴 때 공부가 싫고 영화가 좋아 연예계로 진출한 경우이다.

마고 로비

(1990. 7. 2.~)

여자이지만 남달리 강한 성격 보유

시 일 월 년	[대운]	49	39	29	19	9
경 무 임 경		정	무	기	경	신
신 진 오 오		축	인	묘	진	사

무진 괴강일주이고 득령하여 화기가 세므로 신강하게 보이나 신진합수가 되는 정도에 따라 중강중약으로 봐야 되겠다. 그래서 여름철 지지 화만 기신이 되고 나머지 운은 길신에 가까우나 세운을 고려해서 판단해야 정확하겠다. 1대운의 사운은 사신합수가 되고 2대운 경진대운은 금수운으로 보고 3대운의 기토운은 토생금이 잘 되니 상당히 길하다. 미국 시장에 진출한 2011년 작품은 실패하였는데 경대운 신미년이었다. 금기가 너무 몰려 신진합수가 지나쳐 오화가 꺼져버리니 매우 신약해져 잘 안 풀린 것이다.

2013년은 진대운 계사년으로 수토가 적절하니 라이징 스타로 떠올랐다. 2016년은 27세 진대운 병신년으로 천간에서는 수가 약화되고 지지에서는 수가 강화되니 균형이 잘 잡혀서 〈수어사이드 스쿼드〉로 흥행에 대성공했다. 2020년, 2021년은 기대운 경자, 신축년으로 작품 성공, 2022년은 임인년으로 대운과 세운이 극하니 흥행에 실패했다. 그러나 2023년 묘대운 계묘년에 수생목으로 상생하니 〈바비〉로 역대 그녀의 출연작 중 최대의 흥행 실적을 올렸다.

재능이 우수하다면 더 큰 무대에서 실력을 발휘하는 것이 좋다.

브래드 피트

(1963. 12. 18. ~)
용신이외의 운에도 길한 경우

시 일 월 년	[대운]	64	54	44	34	24	14	4
경 을 갑 계		정	무	기	경	신	임	계
진 미 자 묘		사	오	미	신	유	술	해

을일간이 자월에 태어나 득령하였고 묘미합목이 되니 매우 신왕한 사주이다. 추운 한겨울이라 조후로는 화를 용신으로 고려할 수 있으나 목이 너무 왕하기 때문에 극제할 수 있는 금이 최우선으로 용신 역할을 한다. 신왕이라 수목운만 빼면 원국의 구조상 화토금운이 모두 길운이 된다. 대운을 살펴보면 20세 이전은 수운이라 매우 불리한 환경에서 성장하였으나 술운부터는 탄탄대로를 걷게 되는데 직업의 향방은 조후를 쫓아 식상을 활용하는 배우의 길을 택한 것으로 보인다.

그는 유대운 신미년인 1991년부터 영화계에서 주목받기 시작하였으며 2005년 신대운 을유년에 가장 큰 상업적 성과를 거두었고, 유대운 갑오년 2014년까지 각종 영화에 출연하여 우수한 연기력을 선보이고 흥행에도 성공하였다. 2014년은 금이 왕해져서 금극목, 목생화로 유도되니 아카데미 남우조연상을 수상하였다. 그러나 2015년은 미대운 을미년이라 을이 기신이 되어 을경쟁합이 되니 출연작이 흥행은 되지 못하였다. 2020년도는 무대운 경자년으로 운세가 아주 좋으므로 골든글로브 남우조연상을 수상하였다. 한편, 시주 관성이 튼튼하므로 3남 3녀로 6자녀를 두었다.

매우 신왕하므로 조후에 반하는 관운에도 성공했다.

데미 무어

(1962. 11. 11.~)

신왕재강한 구조의 여배우

시 일 월 년	[대운]	62	52	42	32	22	12	2
정 계 신 임		갑	을	병	정	무	기	경
사 축 해 인		진	사	오	미	신	유	술

계수 일간이 득령하고 수왕해서 신강하고 정계충이라 초년에 생부와 헤어지고 축술형을 맞으니 가정사에 문제가 많았다. 그러나 한편으로는 년지 인이 금여이고 축이 양인에 암록, 자가 협록이 되니 길신이 여러 개 있어 흉을 해소시키는 데 도움이 된다. 금수는 기신이고 토가 용신, 화가 희신이 된다. 무신대운부터 운이 잘 풀려 영화계로 진출해서 입지를 다졌다. 신대운 인사신 삼형살을 겪는 중 1990년 경오년에 정계충이 풀리면서 해오 암합을 이루고 정사화기로 경금을 녹이니 〈사랑과 영혼〉으로 대박을 치면서 90년대 중반에 정점을 찍었다. 인중 무토, 축중 기토, 사중 무토의 관성이 3개가 작용하니 결혼을 3번 하였고 신과 정대운중 1988 무진년~1994 갑술년(27~33세)까지 3명의 자식을 두었다.

병오대운중 2006년부터 다시 왕성한 활동을 재개하였고 갑대운중 2024년 갑진년에 출연한 영화가 칸 영화제에서 극찬을 받았다. 목운은 목극토하지만 목생화를 해주니 평운 이상은 된다고 하겠다.

초년에 가정사가 불행하더라도 얼마든지 전성기에 스타가 될 수 있다.

해리슨 포드

(1942. 7. 13. ~)

블록버스터의 주연배우

시 일 월 년	[대운]	79	69	59	49	39	29	19	9
기 정 정 임		을	갑	계	임	신	경	기	무
유 묘 미 오		묘	인	축	자	해	술	유	신

정화 일주가 천간에서 정임합화목되고 지지에서도 화월에 태어나서 목기가 강하니 신강하다. 여름철에 화기가 강하여 평지에서 나무가 잘 자라는 환경이나 수기가 부족한 것이 흠이다. 그래서 수를 용신으로 하고 금은 희신 토는 한신이 된다. 목은 기신이나 천간으로 오면 갑기합화토가 되니 흉변위길이 되고 을목도 지지 유와 암합이 될 수 있으니 나쁘지 않다. 대운을 살펴보면 초년부터 토운, 금운, 수운으로 60대까지 연속되니 극히 부를 누릴 사주이다. 단, 원국에 수기에 해당하는 관이 약하니 귀는 높지 않아 정부나 기업체의 장이 되는 것이 아니고 식신생재로 자신의 일과 재능을 이용하여 재물을 축적하는 운명이다. 그는 〈인디아나 존스〉와 〈스타워즈〉 시리즈에서 주연으로 출연하여 할리우드의 흥행 보증 수표가 된 인물이다. 대표적으로 출연한

해는 1977년 술대운 정사년, 1981년 신대운 신유년, 1989년 해대운 기사년
이었다. 말년에도 다시 블록버스터인 〈스타워즈〉 시리즈에 출연하였는데
2015년 74세 갑대운 을미년, 2019년~2020년 개봉작에서 조연 역할 78세 인
대운 기해년~79세 을대운 경자년에 해당한다.

상관의 기예를 잘 활용해 제작자와 협력관계를 구축한 결과 성공하게 되었
다.

아놀드 슈워제네거

(1947. 7. 30.~)
보디빌딩 세계챔피언으로 영화배우가 된 후 미국 주지사 역임

시 일 월 년	[대운]	88	78	68	58	48	38	28	18	8
신 경 정 정		무	기	경	신	임	계	갑	을	병
사 술 미 해		술	해	자	축	인	묘	진	사	오

경술괴강 일주가 미월에 태어나 득령하였고 지지에서 금기를 생해주니 신
강한데 천간의 화로 제련하고 지지의 수로 씻어내는 좋은 구조이다. 여름철
태생이고 원국에 화기가 충분하므로 목을 용신, 수를 희신으로 삼으면 적당
하다. 뜨거운 열기를 수로 식혀줄 필요가 있고 수생목하면 금상첨화이다. 을
사, 갑대운은 보디빌더로 활약했고 사대운에 미국으로 이민 가서 영화에 데

뷔하였으나 초반 10년간 즉 갑대운까지는 무명이었고 1982년 진대운중 임술년에 코난, 계대운 갑자년에 〈터미네이터〉로 할리우드의 인기 배우가 되었다. 40세 되던 1986년 병인년에 천간 병신합수, 일지 술과 인술합이 되니 결혼하였으며 1990년 묘대운 경오년에 대운이 세운경을 암합하여 4년간 미 문체부 의장을 지냈다. 2003년 계미년에 〈터미네이터 3〉를 개봉하였고 캘리포니아 주지사가 되었다. 다음 2006년 선거에서는 신대운 병술년이라 병신합수되어 재선하였다. 2011년 65세 축대운 신묘년에 축술미 삼형살에 걸리니 이혼 소송을 당하였고 2013년 계사년에 다시 영화에 복귀하였으며 2015년 을미년에 터미네이터 제네시스의 주연을 맡았다. 2018년 경대운 무술년에 토금이 지나치게 왕해지니 화기가 쇠약해져 심장판막 수술을 받았으며 이후에 출연한 영화는 성공하지 못했다.

신체조건이 좋다면 어떤 직종에 도전해도 실패하지 않는다.

안젤리나 졸리

(1975. 6. 4.~)

여배우로서 대단한 매력과 연기력의 소유자

시 일 월 년	[대운]	51	41	31	21	11	1
임 신 신 을		정	병	을	갑	계	임
진 사 사 묘		해	술	유	신	미	오

신금 일주가 더운 여름철에 태어나 실령하고 사중 경금이 암장되어 있으나 전체적으로 금의 세력이 약하니 약간 신약하다. 따라서 대운이 토금운이 들어오면 일이 잘 풀린다. 신사일주라 관성이 일지에 깔려 있으니 남편 운이 강한데 월지에도 사화 관성이 존재하니 여러 번 남자를 바꾸게 된다. 신금일주가 지지에 화기가 강력하고 천간에 임수가 노출되어 있으니 잘 제련된 금속 칼로 을묘 나무를 가지치기 하니 물상이 아름다워 영화배우로 대성하였다. 대운을 보면 미대운부터 신유술의 금으로 지지가 이어지니 훌륭한 연기력으로 세계적인 스타가 되고 출연한 영화는 흥행 가도를 달렸다.

〈말레피센트 1〉로 주연을 하였을 때가 40세 되던 2014년으로 유대운 갑오년에 해당한다. 이때 금기가 매우 왕성해져 금극목으로 큰 재물을 얻으니 인생 최고의 흥행 작품이 되었다. 2019년과 2021년은 병술대운중 기해년과 신축년으로 병신합반되고 토금세운이니 〈말레피센트 2〉와 〈이터널스〉에 출연하여 비교적 호평을 받았다.

인물과 연기가 다 훌륭하니 출연한 영화마다 흥행하였다.

톰 크루즈

(1962. 7. 3.~)

미남얼굴에 최장기간 운이 도와준 스타배우

시 일 월 년	[대운]	72	62	52	42	32	22	12	2
신 임 병 임		갑	계	임	신	경	기	무	정
축 인 오 인		인	축	자	해	술	유	신	미

임일주가 실령하였고 인오화국을 깔고 있으니 신약하지만, 목화토금수가 적절하게 배합되어 있으니 미남에 건강한 체질이다. 따라서 길한 대운은 천간으로 토금수, 지지로 금수운이다. 2대운 무신부터 길운이 열려 술대운만 빼고 기유, 경, 신해, 임자, 계대운까지 무려 50년간이 일간을 도와주니 영화배우로서 세계적인 대스타가 되었다. 천간의 재성이 3지지에 근을 두고 있으니 결혼을 세 번이나 하였다. 일지 인은 암록이고 시지 축은 금여라 식신과 관성에 타고난 복이 크다. 2022년 61세 자대운 임인년이라 수운이 중복되니 그야말로 대박이 터져 전 세계적으로 10억 달러 이상의 흥행을 거두었다.

길운이 연속되어 여복과 재복을 모두 누렸다.

프레디 머큐리

(1946. 9. 5.~1991. 11. 24.)

음악적 재능이 출중했던 양성애자

시 일 월 년	[대운]	62	52	42	32	22	12	2
경 임 병 병		계	임	신	경	기	무	정
자 오 신 술		묘	인	축	자	해	술	유

임수 일간이 가을에 태어나 득령하였으니 원래는 강한 사주이나 월지 신금이 공망이라 강변위약이 되었다. 신자합이 된다면 공망이 해소 될수도 있으나 주변에 오술합이고 천간에 병화가 2개나 떠 있으니 화의 세력이 방해하여 합이 되기 어렵다. 4대운까지 천간과 지지에서 토생금, 금생수로 생조 받고 있으니 가정 형편은 유복한 편이었고 음악계로 진출해서 그룹 퀸의 보컬리스트로서 세계적으로 이름을 떨쳤다. 그러나 그의 양성애적 성향이 에이즈를 감염시켰고 만 45세의 나이에 사망했다. 1991년은 신미년으로 신축대운 중간에 해당하니 천간은 병신합수가 되고 지지가 축술미 삼형살이 발동하니 오술합이 깨지고 자오충이 작용하여 자신의 몸이 망가져 죽게 되었다.

팝가수로 명성을 얻었지만 AIDS로 불행한 결말을 맞았다.

휘트니 휴스턴

(1963. 8. 9.~2012. 2. 11.)

세계적인 여가수였지만 말년에 자기관리 실패

시 일 월 년	[대운]	51	41	31	21	11
정 갑 경 계		을	갑	계	임	신
묘 신 신 묘		축	자	해	술	유

　갑목일간이 금기가 강력하므로 이를 억제할 수 있는 화운과 약한 목기를 생조할 수 있는 수목운이 오면 운세가 매우 좋다. 그러나 수운은 목기를 강화시키니 길하지만 연약한 화기를 꺼버린다면 생명이 위태로우니 길변위흉이 될 우려가 매우 크다. 초반 2대운에 천간으로는 수운, 지지로는 묘술합화되니 대길운이 되어 가수로 데뷔하고 인기와 상업성에서 모두 큰 성공을 거두어 대스타가 되었다. 계해대운은 수목운으로 일간을 도와주니 큰 문제가 발생하지 않았으나 갑자대운에 들어서 자묘형살이 작용하여 결혼 생활에 실패하고 말년에 마약, 알코올 중독과 흡연으로 자기 관리가 안 되어서 2012년 임진년에 정임합거되니 소중한 화기가 꺼지는 바람에 갑작스런 심장마비로 사망하였다.

　시간의 정화가 바로 심장인데 임수가 합하여 불을 꺼버리니 대스타였지만 허망하게 인생이 끝났다.

린

(1981. 11. 9.~)

한국에서 OST의 여왕으로 불린 가수

시 일 월 년	[대운]	50	40	30	20	10
병 신 기 신		갑	계	임	신	경
신 묘 해 유		진	묘	인	축	자

신금일주가 해월에 태어나 실령했지만 토금 세력이 다수라 신강하고 월지 해는 금여라 길신이다. 목을 용신으로 하고 수는 희신, 화는 한신이 된다. 20 대 신축대운부터 음반을 내고 가수로 활동했는데 병신합수되어 길운이 되고 임인, 계묘대운 모두 수목운이라 좋은 편이다. 2014년 임대운 갑오년에 현재 의 남편과 결혼하였고 한국에서 OST의 여왕이라 불리우며 2024년 MBN이 방영한 '현역가왕'에서 입상하였다.

신금일간은 보석과 같이 잘 다듬어진 상태로 가수로서 대중의 사랑을 받았다.

신해철

(1968. 5. 6.~2014. 10. 27.)

탁월한 음악가였지만 비운의 의료사고로 사망

시 일 월 년	[대운]	51	41	31	21	11
신 병 정 무		임	신	경	기	무
묘 자 사 신		술	유	신	미	오

　병화 일주가 득령을 하고 월, 시에 세력이 있으니 신강하다. 식신생재격으로 가수뿐만 아니라 음악의 각 분야에서도 탁월한 능력을 보여주었다. 기미, 경신대운은 토금운으로 최고의 전성기를 누렸고 경대운 2002 임오년에 결혼하였다. 신유대운도 금운이라 좋을 것 같으나 그렇지 못했다. 지지에서 자묘형과 사신형을 자사암합으로 해소시켜 왔으나 유운이 들자 사유합되어 자묘형이 살아나니 복막염 수술 과정의 의료 과실로 사망하게 되었다.

　원국에서 토기가 쇠약한 것이 큰 약점이라 복막염이 단명하게 된 원인이 되었다.

윤종신

(1969. 10. 15.~)

음악가로서 다방면에 우수한 재능 보유

시 일 월 년	[대운]	63	53	43	33	23	13	3
경 계 갑 기		정	무	기	경	신	임	계
신 해 술 유		묘	진	사	오	미	신	유

계수일간이 신유술 방합이고 일지 제왕이라 매우 신왕하다. 그래서 설기시키는 목화운이 대길하다고 보겠다. 원국에 화기가 부족한 것이 병인데 대운 중반에 사오미 화운이 들어오니 가뭄끝에 단비와 같아 음악계에서 작사, 작곡, 가수, 프로듀서로 다방면에서 재능을 발휘했다. 천간으로 경신이나, 임계운이 들어오면 흉할 것 같지만 금생수, 수생목, 목생화로 통관시키니 문젯거리가 해소된다. 방합의 인성이 강하니 학과 선택을 어문계로 해서 외국어와 국어를 전공하게 된 원인이 되었다. 천간에서 상관의 힘이 강력하므로 노래뿐만 아니라 예능 방송의 MC로도 활약하고 편관도 유력해서 연예 기획사와 프로듀서 대표직을 맡아서도 잘 이끌어 나갔다. 2006년 오대운 병술년에 전 테니스 국가대표 선수인 전미라와 결혼했다.

친족합을 이룬 보기드문 경우로 팔방미인형의 가수라 하겠다.

이영자

(1967. 12. 19. ~)

성공한 여성 개그우먼

시 일 월 년	[대운]	57	47	37	27	17	7
기 정 임 정		무	정	병	을	갑	계
유 사 자 미		오	사	진	묘	인	축

정사일주로 화기가 강해 보이나 사유금국이고 자월 출생이니 신약하여 정화를 용신으로 하고 목을 희신으로 삼는다. 자갈이 깔린 작은 정원에서 물과 온기를 잘 공급 받아 나무가 잘 자라는 형상이라 한 폭의 좋은 그림이 완성되겠다. 17세부터 갑인, 을묘, 병진, 정사의 목화 대운이니 방송계에서 크게 출세한다. 천간에서 정임합목되고 지지에서 자미원진이라 식상생재로 개그와 MC로서 사회적 성공은 거두지만 남편 복은 없어 보인다. 시지 유가 천을귀인이고 년지 미토가 암록이라 주변의 도움으로 방송 활동과 재물 관리가 잘 되겠다.

사회적으로는 크게 성공했지만 배우자복은 그에 비해 좋지 않다.

계은숙

(1962. 7. 28.~)

일본으로 진출해 더 활약한 가수

시 일 월 년	[대운]	68	58	48	38	28	18	8
을 정 정 임		경	신	임	계	갑	을	병
사 묘 미 인		자	축	인	묘	진	사	오

정화일간이 묘술합화되고 미월 여름철에 태어나 신왕이 극에 달해 화에 종하는 구조이다. 따라서 목화운이 길하다. 관성에 해당하는 임수는 남편이 되

는데 정임합이 되어 잠깐 생겨났다 사라지는 운명이다. 초년부터 5대운 지지가 인묘진 사오에 해당하니 가수로서 대성한다. 사가 망신살에 해당하여 인생 후반에 마약, 사기 등 사건에 연루되는 불운을 겪었다. 월지가 반안에 화개살을 겸하였으므로 일본에 진출하여 한국에서 보다 더 큰 인기를 끌었고 수많은 명곡을 남겼다.

국제적인 가수로 성장한 반면 관성이 무력하니 남편복은 부족하다.

박경림

(1978. 12. 8. ~)

2000년대 초반까지 인기를 끈 개그우먼

시 일 월 년	[대운]	51	41	31	21	11	1
임 계 을 무		기	경	신	임	계	갑
술 유 축 오		미	신	유	술	해	자

축월 계수일간이라 조후상 화나 토를 용신으로 쓰면 좋을 것 같으나 유축이 금으로 합화하고 원국에 있는 화토가 적절하기 때문에 중약한 일간을 돕는 금수를 희용신으로 취한다. 그러므로 2대운부터 5대운까지는 간지로 대운이 도와주니 방송계에서 탄탄대로를 걷는다. 2001년 신사년 연예대상 수상하고 술대운도 토생금, 금생수하므로 인기를 유지하다 2010년대 신유대운은 길운이나

을신충하므로 변동수가 발생하여 라디오나 MC 쪽으로 방향을 틀었다. 수가 용신이고 금은 보조적이라 초반 수운보다는 현재의 활동량이 떨어지는 추세임은 어쩔 수 없다. 조후보다 생조하는 오행을 우선적인 용신으로 삼는 구조이다.

김명민

(1972. 10. 8.~)

왕성한 세력을 가지고 연기자로 대성

시 일 월 년	[대운]	61	51	41	31	21	11	1
경 임 기 임		병	을	갑	계	임	신	경
자 신 유 자		진	묘	인	축	자	해	술

임수일간이 금수가 모두 왕하므로 기토 하나로 막기는 역부족이라 종하는 것이 좋다. 그래서 금수목운이면 길한 운인데 대운 지지가 수목운으로 천간도 금수목운이므로 연기자로서 드라마와 영화에 출연하여 뛰어난 활약을 보여주었다. 금수쌍청이라 좋은 사주인데 원국에 목화가 있었다면 고관대작을 바라볼 만한 팔자이다. 31세 계대운초 신사년에 희용신운이 들어오니 결혼하였고 2005년 을유년, 2007년 정해년, 2008년 무자년에 정임합목, 토생금, 금생수되니 연기대상과 최우수연기상을 수상하였다.

비겁이 강력한 종강격이라 힘을 빼서 쓰면 무슨 일을 해도 성공한다.

이미자

(1941. 10. 30. ~)

탁월한 목소리의 소유자로 당대 최고의 인기가수

시 일 월 년	[대운]	84	74	64	54	44	34	24	14	4
계 신 무 신		정	병	을	갑	계	임	신	경	기
사 해 술 사		미	오	사	진	묘	인	축	자	해

신금일간이 가을철에 태어나 득령하고 신강하여 상관생재하니 시간의 계수를 용신으로 하고 월주의 토가 무거워 신금이 묻힐 염려가 있으므로 일지 상관 해중 목이 희신이 된다. 천간으로 금운은 금생수 가능하니 평운 정도는 된다. 월지 반안에 일지 금여의 길신이 들어 사술원진과 사해충의 흉을 해소해 주고 있다. 해중 갑목 재성이 무력하고 무술 인성이 입묘지가 되므로 어릴 때 외조모 댁에서 자랐다. 대운이 수목운으로 흐르니 일찍 트로트 가수로 데뷔해서 경자, 신축, 임인 대운 동안 당대의 최고 인기 가수가 되었다. 사중 경금 두개가 잘 닦여져서 성대의 울림과 폐활량이 좋으므로 남보다 몇 배 청아한 목소리의 소유자가 되었다.

유재석

(1972. 8. 14. ~)

유창한 언변을 이용해 유명MC로 성공

시 일 월 년	[대운]	59	49	39	29	19	9
을 정 무 임		갑	계	임	신	경	기
사 축 신 자		인	축	자	해	술	유

정화 일간이 사축합금에 신자합수가 되어 을목의 통근처가 없으므로 왕한 수기에 종하는 구조이다. 월지 신금은 금여이자 정재이고 일지 축토는 반안이라 좋은 길신을 가지고 태어났다. 목화는 기신이 되고 금수운이 길한 경우인데 대운을 보니 술운만 제하고 14세부터 58세까지 간지로 금수운이라 40년간이 대길한 운세라 대박을 터트리는 연예계의 MC가 되었다. 2000년 29세 신대운 경진년에 압구정 아파트를 구입해서 2024년 계수대운까지 보유하고 있는데 그동안 부동산 가격의 상승으로 시세 90억과 현재 매입한 부동산 284억을 합치면 374억으로 갑부가 되었다. 금여와 반안이라는 좋은 길신을 지녀 사회에 나와 탄탄대로를 걷게 되었다.

김홍국

(1959. 5. 18. ~)

가수외의 예능이 본업화됨

시 일 월 년	[대운]	65	55	45	35	25	15	5
무 신 기 기		임	계	갑	을	병	정	무
자 축 사 해		술	해	자	축	인	묘	진

신금일간이 여름철 사월에 태어나 실령하였으나 자축합토가 되니 신강으로 변하였다. 수목을 길신으로 쓰면 맛겠는데 내운을 보니 20세 묘대운부터 수목운(25세~30세 병대운 제외: 무명 시절)으로 흐른다. 일지 기준 사가 공망인데 사해충으로 해소되어 자식으로 아들 1, 딸 1명을 두었다. 해자축 수국이 되었으면 신약이 되어 금을 용신으로 써야 되고 자식도 얻기 힘들었을 텐데 다행히 충을 맞아 해중 갑목이 용신이 될 수 있다. <호랑나비>로 대히트를 치고 이후로는 가수 활동보다는 TV의 예능 프로에 많이 출연하였다. 2015년 계대운 을미년에 수목운을 동시에 맞이하여 가수협회장에 당선되는 행운을 누렸다.

<호랑나비> 한곡으로 유명세를 타서 방송에 계속 출연하고 가수협회장까지 지냈다.

신동엽

(1971. 2. 17.~)

왕한 식상을 활용해 MC로 정상에 섬

시 일 월 년	[대운]	65	55	45	35	25	15	5
갑 계 경 신		계	갑	을	병	정	무	기
인 유 인 해		미	신	유	술	해	자	축

계수가 인월에 태어나 신약하니 금수운에 크게 발전할 수 있다. 대운을 보니 지지가 수금운이 연속되어 순탄한 길을 걷게 되었다. 천간에 목화운이 불리할 수 있으나 원국에서 경신금으로 합하거나 제극하니 문제될 것이 없다. 34세 해대운 병술년에 결혼하였는데 대운이 좋고 세운도 병신합수시키니 더욱 더 길한 운이 되는 해였다. 일지 기준 해가 공망에 걸렸으나 인해합으로 해공이 되었다. 그리고 일시의 인목 상관이 금여에 해당하니 좋은 인연과 부를 이룩하였다. 1999년은 정대운 기묘년으로 금기가 약화되고 갑기합목이 되니 흉운에 해당하여 대마초 사건으로 구속기소되는 사건을 겪었다. 2024년 을유대운 말에 해당하여 금생수되니 모든 일이 잘 풀려 나가고 있다.

왕한 목기로 인해 기토세운에 갑기합목화 되니 운세가 길로 돌변한다.

박보람

(1994. 3. 1.~2024. 4. 12.)

미약한 수기운으로 인해 단명한 여가수

시 일 월 년	[대운]	39	29	19	9
신 병 병 갑		임	계	갑	을
묘 술 인 술		술	해	자	축

박보람 가수의 사주 원국에 많은 문제가 있다. 부친에 해당하는 신금이 병

신합이 되면서 왕한 화기에 녹아 버리는 상황이라 먼저 세상을 떠나고 모친인 목은 묘술합화, 인술합화, 목생화로 목기가 타버리니 병마로 고생하다 중간에 사망하였다. 본인 자체의 원국도 화가 극왕하여 종해야 되는 구조인데 24세까지는 목운으로 길운이었는데 자운은 불리하나 자술암합으로 큰 문제 없이 지나갔으나 29세 계대운에는 금생수로 수극화 해 보려고 하나 왕한 화에 극상당해서 숨을 거두었다. 갑진년은 목생화되면서 지지에서 입묘지인 술토 일지를 진술충으로 가격하니 무덤이 열리면서 수기와 함께 묻히게 된 것이다.

화기는 왕하고 금수기는 미약하니 재성인 부친이 일찍 사망하고 자신도 20대를 넘기지 못했다.

김민종

(1972. 3. 23. ~)

드라마에서는 성공하고 영화에서 실패한 특이한 배우

시 일 월 년	[대운]	65	55	45	35	25	15	5
계 계 계 임		경	기	무	정	병	을	갑
해 축 묘 자		술	유	신	미	오	사	진

계묘일간으로 득령하고 수가 왕성하여 목을 용신으로 써야 될 상황이다.

겨울생이라 화가 있으면 좋은데 원국에 없으니 대운에서 들어오면 희신 역할을 하겠다. 토극수도 생각해 볼 수 있지만 토운이 들어온다 해도 수에 휩쓸려 나가고 말 것이니 길운이 될 수 없다. 일지 묘가 천을귀인이라 큰 행운이 따를 수도 있지만 해자축 방합과 동시에 자묘형살이라 경우에 따라 불길한 운이 될 수도 있다. 그래서 드라마에서는 성공적이었지만 영화 방면에서는 연속 실패하는 불운을 겪는 이중적 상황이 되었다. 40세까지가 희용신운이라 연예계에서 톱스타의 자리까지 올라갔다가 정미대운부터는 하향길을 걷고 사업 쪽에 진출하여 일하고 있다.

지지반합과 형살이 동시에 작용하니 드라마에 출연할 때는 합이 우세해 잘 풀리고 영화쪽으로는 형살이 우세해 이중적 상황이 전개된 경우이다.

최민식

(1962. 5. 30.~)
늦은 나이에 연기력을 인정받음

시 일 월 년	[대운]	6	53	43	33	23	13	3
경 무 을 임		임	신	경	기	무	정	병
신 진 사 인		자	해	술	유	신	미	오

무진괴강일주에 득령을 해서 신강한 사주라 임수를 용신으로 쓸만하다. 1,

2대운, 3대운 초까지 인성, 비견운이라 별로 활약하지 못했고 28세 신대운부터 배우로 드라마와 영화에 출연하여 뛰어난 연기를 보여 주었다. 1999년 유대운 기묘년에 토생금, 금생수하니 영화 〈쉬리〉에 출연하여 연기력을 인정받았고 결혼을 하게 되었다. 2014년 53세 신대운 갑오년에 〈명량〉으로 천만 관객을 동원했고 2024년 임대운 갑진년 〈파묘〉로 두 번째 천만 관객을 돌파하였다.

2015년에서 2019년 사이는 흥행에 실패했는데 신대운이라 을신충으로 희신끼리 깨지고 세운이 을, 병, 정, 무, 기라 화토 기신운이라 잘 될 수가 없었다.

대운이 좋을 때는 천만관객이 동원되고 나쁠 때는 흥행에 참패하였다.

허참

(1949. 11. 30.~2022. 2. 1.)

1977년경부터 당대 최고의 MC로 인정받음

시 일 월 년	[대운]	68	58	48	38	28	18	8
임 갑 을 기		무	기	경	신	임	계	갑
신 자 해 축		진	사	오	미	신	유	술

수기가 왕성하여 목에 종하는 구조이다. 겨울이라 화를 쓰고 싶으나 원국

에 없으니 그냥 수목을 용하고 금운도 금생수, 수생목 가능하니 길하다고 판단한다. 원국이 수다목부로 수운에 목이 썩어가는 증상이 올 수 있고 경오, 신미대운은 을신충, 을경합금으로 목기가 손상되어 간에 이상이 온다.

1977년부터 TBC의 간판 쇼 프로 '쇼쇼쇼'의 MC를 맡으며 명실상부 당대 최고의 MC로 떠오르게 된다. 그 외에 DBS의 '허참과 이 밤을' 등의 MC로도 활동했다. 언론 통폐합 후에도 TBC 때부터 MC를 맡아오던 '쇼쇼쇼' 등 다양한 프로그램의 진행자로 활동하다가 1984년 제1회 방송부터 2009년 마지막 방송까지 KBS '가족오락관'의 MC를 맡게 되었으며 국민적 사랑을 받는 예능 프로그램으로 자리매김하면서 진행인 허참 역시 큰 인기를 얻었다. 2011년에는 잠시 동안 '아이넷TV 성인가요콘서트' MC를 맡기도 했으며 2012년 말부터 2015년 초까지 지역 민방 '전국 TOP 10 가요쇼'의 MC를 맡는 등 음악 프로그램 MC로의 활동은 지속되었다.

58세 기사대운이 문제인데 수다토류 상황이고 63세 무렵부터 사신합수로 수가 더 강렬해지니 목기인 간이 극도로 악화되던 중 세운이 임인이라 인신충으로 목이 완전히 파괴되어 2022년 2월 1일에 지병인 간암으로 사망하게 되었다. 수다목부(수기 과다로 목이 물에 뜸)로 간이 병들어 사망하였다.

하희라

(1969. 12. 8.~)

겨울철의 등불이라 불이 꺼지지 않도록 하는 것이 급선무

시 일 월 년	[대운]	60	50	40	30	20	10
경 정 병 기		임	신	경	기	무	정
술 사 자 유		오	사	진	묘	인	축

　정화 일간이 자월에 태어나 득령을 못하고 신약이나 작은 정원에 태양이 비추고 쇳덩이를 정화로 제련해서 물로 씻어내니 보석이 만들어지는 아름다운 형상이다. 또한 년지에 유금이 천을귀인이라 사회 진출에 도움을 받고 시지 상관이 경술 괴강에 반안살이라 미모와 연기력이 뛰어나 주연배우로 활약한다. 강약이나 조후로나 목화를 필요로 하는데 대운지지가 목화운으로 운행하니 최고 인기 탤런트가 되었다. 20~30대가 절정기로서 전반 무기토운도 토극수하니 평운 이상은 되고 2010년대 경진대운도 용신운은 아니지만 진술충으로 무계합화되고 병화로 경금을 녹일 수 있으니 잘 풀려나갔다.

　목화 대운을 맞아 등불이 더욱 빛을 발하니 톱 탤런트가 되었다.

최수종

(1964. 12. 28. ~)

연예인으로 딱 맞는 사주

시 일 월 년	[대운]	64	54	44	34	24	14	4
경 경 임 임		기	무	정	병	을	갑	계
진 자 자 인		미	오	사	진	묘	인	축

원국이 금수 쌍청으로 연예인에 어울리는 사주이다. 겨울철이라 수에 종하기보다는 작은 불씨라도 있으면 화를 밝혀 용신으로 삼는 것이 좋겠는데 다행히도 년지에 목기속에 불기운이 들어있어 용신으로 쓸 수 있으니 목화운에 대발하게 된다. 대운이 인묘진 사오미로 흐르니 너무 왕성한 수기를 목기로 빼내면서 온기를 살릴 수 있으니 탤런트로 대성하여 각종 사극과 드라마의 주연배우로 누구나 다 아는 유명 연기자가 되었다. 1993년 묘대운이 정재운이라 처와 인연이 되는 환경에서 계유년에 상관생재가 잘 되니 그해 KBS 연기대상에서 대상을 수상한 탤런트 하희라와 결혼하게 되었다.

같은 용신을 사용하는 탤런트끼리 인연이 자연스럽게 맺어져 결혼하였다.

김주연

(1986. 2. 11.~)

코미디언에서 무당으로 변신

시 일 월 년	[대운]	53	43	33	23	13	3
기 병 경 병		갑	을	병	정	무	기
축 술 인 인		신	유	술	해	자	축

병화 일간이 인술합화되니 굉장히 신왕하나 지지에서 축술형이 되니 몸에 이상이 올 수가 있다. 원국 자체가 화기가 무척 센 편인데 수기가 자극하니

화대운이 들어오면 왕한 화기가 격발하여 밤중 해자축 시간대에는 온몸에 열이 더 뜨겁게 발생하겠다. 축중 수기가 자궁의 의미도 가지는데 형살을 당하니 하혈 증상이 나타나 것도 당연히다. 2006년 자대운 병술년에 데뷔하였으나 정해대운은 목화운이라 기신운이라 MBC 코미디 프로의 폐지를 겪고 방송에는 더 이상 출연하지 못하게 되었다. 또한 병술대운도 화운이라 불리한 환경속에서 신병을 앓고 2022년 임인년 수운을 맞아 호전되는 상황이 되니 무속인으로 변신하여 영업하고 있다고 한다. 일지와 시지가 화개살과 천살에 해당하니 갑작스런 하늘의 재앙을 당하고 예능인에서 무당이 된 것으로 보인다.

강한 화기와 형살이 겹쳐 신병을 앓고 무당으로 전업했다.

심은하

(1972. 9. 23.~)

인기 탤런트로 정치인의 아내가 됨

시 일 월 년	[대운]	66	56	46	36	26	16	6
계 정 기 임			임	계	갑	을	병	정	무
묘 사 유 자			인	묘	진	사	오	미	신

정사일주로 제왕지이고 시지에서 생조하고 있으니 약간 신약하다. 그래서

목화가 희용신이 되는데 대운을 보면 16세부터 50세까지는 천간지지로 목화
운이 들어오니 전체적으로 대길하다. 22세 미대운에 탤런트에 공채로 데뷔하
여 큰 인기를 끌다가 병오대운 중간 경진년에 은퇴하였다. 오대운은 용신운
이지만 자오충이 되어 오가 날아가니 일간에 도움이 되지 못한다. 세운도 금
수운으로 불리하니 그때 물러난 계기가 되었다. 2005년 34세 을유년에 목생
화로 결혼하였고 을사대운에 정치인의 아내로 활동하다가 2016년은 갑대운
병신년으로 목화운이 겹쳐 들어오니 국회의원의 아내가 되었다.

재생관이 유력하니 남편의 출세에 도움을 주었다.

김구라

(1970. 10. 3. ~)
부인의 빚을 떠안은 방송 MC

시 일 월 년	[대운]	73	63	53	43	33	23	13	3
병 병 을 경		계	임	신	경	기	무	정	병
신 진 유 술		사	진	묘	인	축	자	해	술

원국의 지지가 신유술 방합국에 진유합금 천간 을경합금으로 완전히 금이
세력이 장악하고 있어 병화 일간은 재성인 금에 종하는 구조이다. 가을의 거
대한 바위산 위에서 태양의 햇살이 비추는 형상으로 연예, 방송에 어울린다.

초년 1, 2대운은 병술, 정해로 어려운 시기였으나 3대운 무자, 기축대운에 토생금하므로 연예계에 입성하게 된다. 23세 무대운에 데뷔했으나 자운이 기신이라 별로 빛을 보지 못하다가 33세 기축대우에 발탁되어 본격저으로 성공 가도를 달린다. 5, 6대운 경인 신묘운은 천간이 금운이지만 지지는 기신이라 매우 불리하다. 따라서 45세 갑오년에 부인이 저지른 거액의 빚으로 큰 곤경에 처하게 되나 좌절하지 않고 방송 활동에 전념하여 이겨 나간다. 경제적 곤란과 별개로 그는 방송계에서 2015년부터 2022년까지 계속적으로 연예대상에서 올해의 예능인상 등을 수상할 정도로 인기를 유지하고, 모르는 한국 사람이 없을 정도이다.

병진일주는 정재가 입묘하는 지지라 희신이면서도 능력이 부족한 배우자를 만나 고생한다.

비

(1982. 6. 25. ~)

햇볕과 물이 잘 공급되는 평야의 형상이라 어렵지 않게 인기가수로 성장

시 일 월 년	[대운]	55	45	35	25	15	5
임 기 병 임		임	신	경	기	무	정
신 묘 오 술		자	해	술	유	신	미

기묘일간이 득령을 했고 묘술합, 오술합이 되니 신강하다. 그래서 금을 용신으로 쓰고 수는 강약조절로는 희신이 될 수 있으나 천간 상황을 볼 때 수가 과다해지면 수다토류될 위험이 있어 천간으로 오는 수는 좋지 않고 지지로 오는 수는 화기로 대항할 수 있어 길신이 된다. 천간에서는 오히려 토가 와서 넘치는 수를 막아주는 것이 좋다. 그러므로 천간으로는 토금, 지지는 금수운에 대발하게 된다. 대운을 보면 1대운 14세까지만 어려운 환경이었고 2대운부터 5대운 54세까지 간지 모두 길운이라 남자 댄스 가수로서 대성공하고 당시 최고 미인 탤런트라던 김태희와 결혼하여 두 딸을 낳았다.

2017년 1월 35세 경대운 병신년에 결혼하였는데 경병충으로 운로가 상쇄되어 원국의 강점을 유지하면서 불리한 점이 없어지는 해였다.

춤실력이 뛰어난 남자 가수로 최고의 스타가 되었다.

조용필

(1950. 3. 21.~)

재혼한 부인과 사별한 당대 최고가수

시 일 월 년	[대운]	76	66	56	46	36	26	16	6
무 을 기 경		정	병	을	갑	계	임	신	경
인 묘 묘 인		해	술	유	신	미	오	사	진

을목 일간이 묘월 득령하였고 지지가 온통 목 기운이라 신왕한데 천간에 무기토가 떠 있으므로 토를 용신, 화를 희신으로 삼는다. 금운의 경우 금극목이 가능하므로 평운정도 된다. 정재 무토기 년지와 시지 인의 여기와 미약하게 연결되어 있어 처복은 깊지 않다. 그래서 처음 결혼은 4년간 유지되었고 재혼은 10년 경과 후 신금대운말 시지와 인신충하고 계미년에 무계합되면서 계수의 묘지인 미에 입묘됨으로 사별하게 되었다. 1대운부터 4대운까지 지지가 진사오미로 화토운이므로 식상생재하여 가수로서 꿈을 펼쳐 대성공을 하게 된다. 36세 전반 계대운 무계합화되고 46세 전반 갑기합화토 됨으로 대길한 운세였다. 그래서 50세 이전은 매년 왕성한 활동을 했다.

가수로서는 꿈을 달성했지만 간여지동에 목이 과다하여 처복은 좋지 않다.

보아

(1986. 11. 5.~)
역마살을 살려 일본으로 진출해 대성공

시 일 월 년	[대운]	50	40	30	20	10
기 갑 기 병		갑	을	병	정	무
사 신 해 인		오	미	신	유	술

지지에서 사신합수 인해합목으로 매우 신왕한 사주로 식신생재격이다. 또

한 지지기 모두 인해신사로 사생지를 갖추어 정치 혁명가의 사주 지지와 동일하니 얼마나 혁신적인 활약을 했을 것인지 명약관화하다. 화토가 길한 오행이고 관성인 금운이 와도 일간이 왕하기 때문에 넉넉히 이끌어 나간다. 사주의 모양을 보면 한 그루 나무가 넓은 들판에서 따뜻한 햇볕과 영양분을 받아 엄청나게 큰 아름드리나무로 성장하는 형세이다. 대운을 보면 10대 초반부터 30대 말까지 탄탄대로라 세계적인 가수로 성공했다. 일지 신금이 역마에 해당하기 때문에 국내에만 머물지 않고 일본, 미국까지 진출해서 활동했으며 특히 일본에서 여자 가수로한 수년간 1위의 기록을 세웠다. 40대 이후도 지지가 화운이라 과거의 명성이 갑자기 사라지지 않고 오랜 기간 기억될 것이다.

서태지

(1972. 2. 21. ~)

한국의 대중음악에 새로운 장르를 도입한 가수

시 일 월 년	[대운]	65	55	45	35	25	15	5
갑 임 임 임		기	무	정	병	을	갑	계
진 오 인 자		유	신	미	오	사	진	묘

임수일간이 천간에 비견이 여러 개 있으나 힘이 미약하므로 종세격으로

목, 화, 토 중에서 가장 강한 목을 용신으로 하고 화를 길신으로 한다. 15세부터 24세까지 갑진대운에 목이 통근하여 힘이 강력하므로 싱어송라이터가 되어 새로운 장르로 힙합과 발라드 계통의 곡을 선보임으로써 한국의 대중음악에 큰 신드롬을 일으켰다.

1992년 임신년 랩 댄스 트리오 서태지와 아이들로 데뷔하여 10년간 대활약하였고 이후 솔로로 활동하고 있다.

26세때는 을사대운이라 목화운으로 식재운이면서 길운에 해당하나 인사형살이 붙어 남녀관계가 오래가지 못하고 헤어지는 결말을 맞는다. 팬이었던 이지아(배우, 1978년 8월 6일)와 1997년 정축년 미국에서 비밀 결혼을 하고 2년 반 정도 같이 살다가 별거 후 2000년 경진년 홀로 귀국하였고 결국 이혼하게 되었다. 현재의 배우자 이은성(배우, 1988년 8월 8일)과는 2013년 오대운 계사년에 결혼하여 딸 하나를 낳았다.

종세격의 세력을 따르는 사주구조라 미국에서 유행을 시작한 새로운 음악 흐름에 따라 파격적인 인기를 누렸다.

이경규

(1960. 9. 21.~)
개그맨이 천직으로 정신력이 강함

시 일 월 년	[대운]	66	56	46	36	26	16	6
계 임 을 경		임	신	경	기	무	정	병
묘 자 유 자		진	묘	인	축	자	해	술

　　임수일간이 유월에 태어나 득령하고 득지하였으므로 매우 신강하다. 을목 상관을 용신으로 개그맨이 아주 잘 어울린다.

　　대운지지를 보면 해자축, 인묘진으로 수목대운으로 흐른다. 수대운에 천간에서 정무기로 수를 억제해주니 수가 넘치지 않고 자연스럽게 수생목되어 예능계에서 정상의 자리까지 올라갔다. 원국의 지지에서 자묘형, 묘유충이 보이나 월지에서부터 금생수, 수생목으로 상생시키니 형충의 흉함은 거의 해소된다. 1992년 임신년 수생목하는 시기에 결혼하여 1994년 갑술년 용신의 해에 딸을 얻었다. 자신의 계절에 태어나고 상관을 용신으로 사용하니 예능인으로서 최고다.

로버트 다우니 주니어

(1965. 4. 4.~)

블록버스터 영화에 주연내지 조연으로 출연한 미국 배우

시 일 월 년	[대운]	70	60	50	40	30	20	10
계 무 기 을		임	계	갑	을	병	정	무
축 자 묘 사		신	유	술	해	자	축	인

무토 일간이 자축합되니 신강한 편으로 수를 용신으로 하고 토기를 약화시키는 금과 목운도 길한 편이다. 그도 역시나 영화계 집안의 영향을 받아서 어릴 때부터 배우의 길을 걸었다. 유두 잔 뜰러졌지만 식녑은 부모의 덕을 가장 크게 보는 인생인 것이다. 20대에 정계충하고 사축합하니 유망 배우로 올라섰으나 30대 병대운을 맞고 자묘형살이 겹쳐 마약에 빠지는 등 극심한 부진에 시달린다. 그러다가 40대 을해의 수목 대길운을 맞아 〈아이언맨〉과 〈어벤져스〉 시리즈에 연속 출연하여 재기에 성공하고 스타덤에 오른다. 50대 전반에도 갑기합으로 토를 기반시키니 괜찮은 운이다. 술대운은 불리하지만 세운이 금수운으로 흘러 무난하게 넘어가고 60대 계유대운초 2024년 갑진년에 목기가 왕성해지니 조연배우로서 최고의 상들을 수상하는 영광을 누렸다.

영화계 집안의 전통을 따라 배우가 된 경우이다.

베네딕트 컴버배치

(1976. 7. 19. ~)

중화에 가까워 순조롭게 성공한 영화배우

시 일 월 년	[대운]	67	57	47	37	27	17	7
신 임 을 병		임	신	경	기	무	정	병
축 신 미 진		인	축	자	해	술	유	신

시주 신축 관인이 반안과 금여를 겸하고 있으므로 유복한 환경에서 명문 사립학교를 졸업하였다.

임수 일간이 득령은 못했지만 년, 일, 시에 득지하고 토 기운도 3지지에 뿌리가 든든하므로 상당히 중화된 사주로 보여진다. 따라서 병신, 정유대운은 상쇄 작용으로 무난하고 무술대운은 토가 동주하니 약간 불리할 것으로 예상된다. 기해대운은 수목토가 상호 조절하니 좋은 운세가 펼쳐졌다. 2015년 을미년에 배우자인 소피 헌터와 결혼하여 지금까지 잘 살고 있다. 임수는 을목을 키우는 일을 가장 우위에 두기 때문에 특히 해대운(2016-2022년)은 해미합목으로 블록버스터급의 영화인 <닥터 스트레인지>로 대성공하는 시절이 된다.

강약의 균형이 잡힌 사주는 특별히 흉한 시기가 없이 대박을 터트릴 수 있다.

홍진경

(1977. 12. 23. ~)

겨울 태생의 나무라 무조건 온난함이 필요

시 일 월 년	[대운]	55	45	35	25	15	5
신 갑 임 정		무	정	병	을	갑	계
미 인 자 사		오	사	진	묘	인	축

갑목 일간이 임자월에 태어나서 뿌리를 강하게 내리고 있으니 신강하고 정인격이라 품성이 좋다고 보인다. 자월 출생이라 강약에 상관없이 화를 용신으로 써야 한다. 목운이라도 목생화가 되니 무난한 운세가 된다. 이영자가 홍진경의 연예계 활동을 도와줬다 하니 시지의 천을귀인 역할을 한 것이다. 연간의 상관을 이용해서 연예인 활동을 하는 한편 자사 암합으로 무계합화시켜 미토 재성을 만드는 식신생재 사업도 동시에 진행하고 있다.

대운은 더할 나위 없이 좋으나 간여지동에 귀문관살이 붙어 배우자를 만나기 어렵겠다.

유아인

(1986. 10. 6.~)

마약범죄로 구속된 유명배우

시 일 월 년	[대운]	52	42	32	22	12	2
임 계 정 병		계	임	신	경	기	무
술 미 유 인		묘	인	축	자	해	술

계수일간이 금월의 생조를 받지만 다른 지지에 뿌리가 없어서 신약하므로 금수를 필요로 한다. 초년 환경은 좋지 않았지만 18세부터 수운이라 연예계

로 캐스팅되어 경력을 쌓아가면서 연기자로서 상당히 유명해졌다. 년지 금여이고 일지 반안이라 사회적으로 출세할 것이라고 예상된다. 그런데 원국에 미술형살이 들어있어 관재를 당할 우려가 있다. 임술시는 괴강, 백호라 극단적인 판단과 사고를 칠 경우가 발생한다.

결국 2023년 38세 축대운으로 축술미 삼형살에 걸리니 마약 복용 혐의로 구속이 되었다. 신약한 일간이 삼형살을 만나니 관재를 겪는다.

유이

(1988. 4. 9.~)
예술성과 재복이 좋은 탤런트

시 일 월 년	[대운]	52	42	32	22	12	2
갑 갑 병 무		경	신	임	계	갑	을
자 오 진 진		술	해	자	축	인	묘

갑목일간이 화토가 강하므로 수목을 필요로 한다. 40대까지 수목대운이 연속되므로 걸그룹 애프터스쿨의 멤버와 탤런트로서 성공적인 길을 걸었다. 원국에 관성이 없고 대운에서 50대에 관운을 맞는다. 년주에 무진 괴강이 자리하고 년월지가 화개살과 금여록을 겸하고 있어 사주 구성이 좋다. 괴강과 화개는 예술계와 잘 맞고 금여가 있으면 재복과 좋은 인연이 보장된다. 2022년

은 축대운 임인년으로 대운이 인수와 정관을 품은 재성운이라 사업하고자 하는 욕구가 발생하므로 카페를 개업한 것이다.

목일간으로 화토가 튼튼하니 수복기운을 더해주면 좋은 결과를 낳는다.

하지원

(1978. 6. 28. ~)

잘 세공된 보석과 같은 배우

시 일 월 년	[대운]	58	48	38	28	18	8
병 신 무 무		임	계	갑	을	병	정
신 유 오 오		자	축	인	묘	진	사

신유일간이 오월에 태어나 금이 다수이므로 화를 용신으로 쓰고 목은 희신이 된다. 년월지의 오화는 도화에 천을귀인으로 연예계에 진출하면 무조건 성공하게 되어 있다. 대운도 40대까지는 목화운으로 흐르니 영화와 드라마 모두에서 톱스타의 위치까지 올랐다. 단, 불리한 것은 신유일간이 간여지동이고 정관의 사지이므로 배우자를 얻기가 어렵다는 것이다. 50대 이후는 금수운이라 더 이상의 발전은 기대하기 어려우므로 현 상태를 잘 지키도록 노력하는 것이 좋다.

도화와 귀인이 함께하니 연예계에서 성공했다.

이효리

(1979. 5. 10.~)

여름철의 따뜻한 불기운과 같은 형상

시 일 월 년	[대운]	50	40	30	20	10
정 정 기 기		갑	계	임	신	경
미 축 사 미		술	유	신	미	오

　　정화 일간이 여름철에 태어나 신강하고 식신이 과다하므로 재관을 용희신으로 한다. 금수운이 좋은데 대운을 보면 20대 전반 신대운, 30대 임신대운은 아주 좋다. 그래서 걸그룹 핑클과 솔로 가수로서 모두 성공적인 활동을 하였다. 2013년은 35세로 임대운 계사년으로 관운이 중첩되므로 결혼하게 되었고, 2020년대 계유대운도 길운이므로 발표한 노래가 1위에 올랐다. 일지인 축이 중요한 자리인데 공망에 해당하나 사축합과 축미충이 되므로 공망이 해소되어 식, 재, 관 모두 훌륭히 성취하게 되었다.

　　불기운이 너무 뜨겁지 않게 식혀주면 기온이 적절하여 최고의 인기를 누린다.

판빙빙

(1981. 9. 16.~)

연기력을 이용해 막대한 부를 이룩

시 일 월 년	[대운]	67	57	47	37	27	17	7
무 정 정 신		갑	을	병	정	무	기	경
신 유 유 유		진	사	오	미	신	유	술

종재격으로 토금수가 길운이다. 1남 1녀 중 첫째로 2004년부터 스타 반열에 오른다. 2010년부터 현재까지 연간 약 300억 수입을 올렸고 2018 무술년 탈세 혐의로 10월 3일 세금 1,436억 납부하고 연예계 활동을 계속한다. 초년부터 36세까지 최길운이었고 37세부터 42세까지는 흉운이라 2018년은 38세로 화가 불어닥침. 42세부터 46세까지는 상관운이라 배우 활동은 유지될 수 있겠으나 47세 이후는 대운이 좋지 않아 은퇴하고 모든 활동을 중단하는 것이 좋을 것이다. 정일주에 신금은 금여록에 해당, 돈복을 갖고 태어났고 천을 귀인이 3개가 있는데 2개가 형살로 작용하면 처음에는 좋지만 결과는 나쁘게 변할 수 있다.

종재격을 이루었기 때문에 중국의 최고배우가 되었어도 탈세로 오점을 남겼다.

옥주현

(1980. 3. 20.~)

걸그룹 가수 출신으로 뮤지컬 배우로 전환함

시 일 월 년	[대운]	66	56	46	36	26	16	6
경 임 기 경		임	계	갑	을	병	정	무
자 진 묘 신		신	유	술	해	자	축	인

임수 일간이 신자진 수국으로 수가 왕하니 설기시키는 목이 용신이 된다. 19세부터 10년간은 걸그룹 가수로 활동하고 이후는 뮤지컬 배우로 활약하고 있다. 정축대운에 정임합기간에는 가수로서 활약하다 축대운 관운중에 라디오 DJ를 맡아서 5년간 진행하였고, 요가 다이어트 비디오를 팔아 큰돈을 벌었다. 2005~2008년간은 26~28세의 병자 대운초로 병임충이 되고 지묘형살이 작용하므로 요가 스튜디오를 운영하다 돈을 다 말아먹었다. 36~45세 을해대운은 지지가 해묘목으로 변화 가능하니 뮤지컬배우로서 상당한 성공을 거두게 되었다. 50대 후반 이후는 금수운으로 대운이 좋지 않아 연예계 활동을 안 하는 편이 좋을 것 같다. 천간충, 지지형살운에 사업을 하면 망하기 쉽다.

현 영

(1976. 9. 6.~)
잘 다듬어진 슈퍼모델 출신 연예인

시 일 월 년	[대운]	51	41	31	21	11
임 신 병 병		신	임	계	갑	을
진 유 신 진		묘	진	사	오	미

신금 일간이 금이 왕하므로 금을 제련하기 위해 화를 용신으로 하니 목화운이 길하다. 대운 지지가 20, 30대에 목화운이니 대체로 운이 좋은 편이다. 식상운에도 천긴 병화가 두 개나 떠 있으니 무난히 돌파해 나갈 수 있다. 20대에 대운간지가 모두 목화이므로 슈퍼모델로 선발되어 2000년대에 연예계에서 예능을 비롯하여 다양한 분야에서 활약하였다. 37세인 2012년 사대운 임진년에 천간의 관성 병화 하나가 제거되고 사중 병화에 뿌리를 내리니 결혼하였고 1녀 1남을 두었다.

천간의 관성이 지지에 뿌리를 내리는 운에 결혼하였다.

장미희

(1958. 1. 27.~)

1970,80년대 최고 여배우

시	일	년	월	[대운]	63	53	43	33	23	13	3
을	갑	계	정		경	기	무	정	병	을	갑
해	진	축	유		신	미	오	사	진	묘	인

겨울철에 수기가 강해서 갑목 일간이 신강하고 조후를 해결하기 위해 화를 용신으로 취한다. 목화운이 길운인데 대운을 보면 50대까지 화운이 연속되니 상관을 필요로 하는 탤런트, 배우의 길을 걸어서 70, 80년대 최고 유명 여배

우 중 한 명으로 성공한다. 18세 묘의 도화대운에 특채되어 브라운관에 데뷔하였고 다음 해 영화 스크린에 데뷔하였다.

년지에 정관이 있고 일지 진은 금여록에 해당하나 정관인 신금의 묘지라 배우자 없이 살고 있다. 월지의 축은 화개와 천을귀인에 해당하여 귀인의 도움으로 재관을 얻게 된다. 자오묘유운은 모든 일간의 도화로 작용한다.

이영애

(1971. 1. 31.~)

드라마 대장금으로 이름을 크게 알린 한류스타

시 일 월 년	[대운]	59	49	39	29	19	9
갑 병 기 경		계	갑	을	병	정	무
오 진 축 술		미	신	유	술	해	자

축월의 병화 일주가 신약하므로 목화운에 대발하게 된다. 그래서 병술대운에 최고 전성기를 맞게 되고 2003년 계미년에 대장금으로 최고의 한류 스타가 되었다. 년주가 경술 괴강에 화개살이므로 예술계에서 큰 별로 뜨게 된 것이다.

원국의 축중 계수가 남편인데 세운에서 또 축년을 맞아 2009년 을대운 기축년에 20년 연상인 한국레이컴 전 회장 정호영 씨와 결혼하여 1남 1녀를 두고 있다.

관운에 관인상생이 되므로 세계적으로 명성을 날렸다.

서세원

(1956. 3. 18.~2023. 4. 20.)

유명 개그맨으로 갑작스러운 심정지로 사망

시 일 월 년	[대운]	64	54	44	34	24	14	4
임 무 기 을		임	계	갑	을	병	정	무
자 인 묘 미		신	유	술	해	자	축	인

미합목으로 무토일간이 무근하고 목이 과다하므로 목에 종하는 종살격이다. 그래서 용신은 목이고 희신은 수가 된다. 금운도 천간이나 간지 동주로 오면 금생수하므로 괜찮다. 정축대운에 정임합목 가능하고 자축합수 가능하므로 길운이고 병자대운도 임자양인을 병이 충하므로 오히려 수가 강해져 길운이 되어 개그맨으로 길을 걷게 되었다. 아내 서정희와는 1982년 임술년 수운에 결혼하였다. 2001년은 갑대운 경술년으로 대운 좋고 세운도 금생수하므로 제작한 영화가 성공하였다. 원국에 관이 4개라 4자녀를 두었고 2015년 을미년에 자미원진에 걸려 자식들에 의해 이혼하였다. 2016 병신년에 재혼하였고 2020 경자년에 캄보디아로 이주하여 살다 2023년 신대운 계묘년에

인신충되고 신자합수되어 화기가 꺼지니 심정지로 갑자기 사망하였다.

원국이 목다화식 구조이고 금수운을 맞으니 심장이상으로 급사하였다.

박나래

(1985. 10. 25.~)

부친을 일찍 잃은 개그우먼

시 일 월 년	[대운]	65	55	45	35	25	15	5
계 정 병 을		계	임	신	경	기	무	정
묘 유 술 축		사	진	묘	인	축	자	해

묘술이 합화된 사이에 유금 재성이 눌려있으므로 아버지가 18세 무대운에 무계합화가 겹치므로 일찍 사망하였다.

정화일간이 신강하므로 설기하는 상관 토를 용신으로 하여 개그우먼이 되었다. 년월지가 축술형에 약하게 걸려있으므로 외모를 개선하기 위해 성형수술을 했다고 한다. 2011년은 기축대운중 신묘년으로 병신합으로 운세가 더 좋아지니 이후 거물급 예능인으로 성장하였다. 35세 경대운에 기신인 을을 묶어버리고 인대운도 축인 암합으로 토가 강화되니 계속 인기를 유지할 것으로 보인다. 남편에 해당하는 관성과 정계충이 되어 결혼이 늦어지고 있다.

아버지인 재성 유금이 화기에 둘러싸여 있으므로 화극금당하여 사망하게 되었다.

황기순

(1963. 12. 7.~)

도박으로 파산을 겪은 개그맨

시 일 월 년	[대운]	71	61	51	41	31	21	11
경 갑 계 계		병	정	무	기	경	신	임
오 신 해 묘		진	사	오	미	신	유	술

갑목 일간이 지지에 해묘합이 되어 목이 강하므로 금극목하거나 목생화로 설기시켜야 한다. 그런데 겨울철이라 다 성장한 나무이므로 금으로 잘라내 쓰는 것이 더 좋을 듯하다. 1982년 시작되는 20대 신유대운은 묘유충하니 개그맨으로 큰 돈을 벌었으나 30대 경신대운 후반은 천간 갑목이 제압당하고 묘신암합으로 오히려 금생수, 수생목하니 도박으로 파산하게 되었다. 그해가 1997년 35세 정축년이었고 그 후 40대는 갑기합되는 토운으로 희신이니 2000년 이후 재기에 성공해서 2005년 을유년에 을경합으로 재혼하고 방송 관련 활동을 하는 중이다. 개그맨으로 돈을 쉽게 버니 도박에 빠졌다가 재기한 경우이다.

전유진

(2006. 10. 10.~)

2020년대에 10대 소녀로 현역가왕전에서 우승

시 일 월 년	[대운]	52	42	32	22	12	2
계 임 무 병		임	계	갑	을	병	정
묘 신 술 술		진	사	오	미	신	유

묘시가 되는 근거는 천을귀인에 해당하고 상관에 도화가 있어야 어린 나이에 오디션에서 우승을 차지할 수 있을 것이다. 년지 술은 공망이라 무력하나 월지 술은 화개라 예술에 몰두하게 되며 무술 괴강이라 미모도 출중하다. 묘신 암합이 되어 임수를 생조하니 신강한 구조여서 화토운에 대발할 수 있다. 천간 지지 목운도 목생화, 화생토되니 좋은 운이 된다. 10대 후반 신운은 시지 묘에 묶이니 흉운을 벗어나 세운에 따라 운세가 좌우된다. 갑진년은 목생화되니 노래 실력으로 큰돈을 벌게 된다. 일지 신금은 역마에 해당하고 대운도 역마이니 일본같은 해외로 진출하여 트로트가수로 대성공하게 될 것이다.

유의할 점은 아버지에 해당하는 년간 병이 백호살에 걸려 질병이나 사고로 횡사할 가능성이 있다는 것이다. 그 시기는 을미대운인데 지지로 미술형살까지 겹치니 무사하기 힘들다. 전유진이 한국 나이로 19세이니 22세부터 위험한 상황이 되는데 2027년 정미년이나 2033년 계축년에 아버지를 잃게 될 가능성이 크다.

백호살에 걸린 육친은 자기 수명을 다하기 어렵다.

김희선

(1977. 6. 11.~)

인기탤런트로 재물복이 좋음

시 일 월 년	[대운]	69	59	49	39	29	19	9
임 기 병 정		계	임	신	경	기	무	정
신 해 오 사		축	자	해	술	유	신	미

기토 일간이 여름철에 태어나 신강한 사주로 상관생재가 되므로 여배우로서 사회에 나가서 성공 가능성이 매우 크다. 강한 화기를 설기하는 금수를 희용신으로 사용하면 좋다. 토운도 강한 화기를 빼서 생금시킬 수 있으므로 나쁘지 않다. 초년 정미대운은 정임합하고 해미합해서 화기가 빠지므로 괜찮은 운으로 본다. 신유술, 해자축으로 대운지지가 받쳐주니 연예인으로 대성하고 재물복도 크다. 하지만 남편에 해당하는 관은 일지 해중 갑목으로 감춰져 있어 유명인이 아니고 목생화가 되어서 불리하므로 배우자 복은 크지 않다고 하겠다.

여자가 신강하면 집안에 머물지 말고 사회에서 활동해야 한다.

나훈아

(1951. 2. 11. ~)

트로트 황제로서 영화배우 김지미와 결혼

시 일 월 년	[대운]	73	63	53	43	33	23	13	3
무 임 경 신		임	계	갑	을	병	정	무	기
신 오 인 묘		오	미	신	유	술	해	자	축

임수가 인월에 태어나 신약하므로 금, 수를 필요로 한다. 대운 지지 신유술, 해자축운에 길한 운세가 연속된다. 2024년 갑진년은 74세로 대운이 임수이므로 좋은 편이다. 천간 무기토운은 토생금, 금생수되고 병정화운도 병신합수, 정임합이 되니 희신대운이 되어 트로트 가수로서 대성공하였다. 1976년은 26세 병진년이라 병신합수로 좋았는데 1982년은 32세 임술년으로 지지가 인오술화국의 기신운이라 이혼하였다.

당대 최고 여배우와 결혼하였으나 기신운을 맞아 일찍 이혼하였다.

하춘화

(1955. 6. 28. ~)

철학박사 학위를 소지한 인기 여가수

시 일 월 년	[대운]	74	64	54	44	34	24	14	4
신 경 임 을		경	기	무	정	병	을	갑	계
사 신 오 미		인	축	사	해	술	유	신	미

여름철에 경금이 신강하니 물로 씻겨 제련해야 한다. 따라서 수를 용신으로 하고 금은 평운이다. 대운지지가 금수운으로 연속되니 사회적으로 성공 가능성이 매우 크나 천간자가 화토운일때는 활동이 위축되고 학업에 열중하기 쉽다. 그래서 가수로는 드물게 박사 학위까지 받았다. 1966년은 미토대운 병오년으로 병신합화수하니 습토로 유리하게 변한다. 1977년은 23세 정사년으로 용신 임수를 정임합으로 묶으니 목으로 변하여 목생화하니 가장 흉운이라 극장이 무너지는 사고로 목숨을 잃을 뻔했다. 1985년은 유대운중 을축년이라 을경합으로 수기가 통하니 좋은 시기였고 1989년은 35세 병술대운, 기사년이었다. 화운이라 얼핏 나쁘게 보이나 시간과 병신합화수하니 흉변위길이 되어 대박을 터트렸다.

처음에 나쁜 운으로 보일지라도 원국의 구성에 따라 흉변위길 되는 수가 많다.

주현미

(1961. 11. 5.~)

약사 자격을 소지한 트로트 여가수

시 일 월 년	[대운]	71	61	51	41	31	21	11	1
경 임 무 신		병	을	갑	계	임	신	경	기
자 인 술 축		오	사	진	묘	인	축	자	해

임수 일간이 술월에 태어나 년과 시에서 생조를 받으나 약간 신약하다고 본다. 그래서 금수운에 길하고 목운은 목극토하니 한신 정도의 역할을 하여 평운이 된다. 1980년대는 20대 신축대운이므로 금생수하여 트로트 가수로전성기를 누린다. 연지 축은 금여록으로 재복과 남편 복이 있으며 약사자격을 가진 유일한 가수이다. 28세는 신축대운중의 무진년으로 관운이 작용하여 토생금, 금생수로 관인상생하니 결혼에 이르렀다. 64세 갑진년은 목운으로 운세가 평탄하여 여러 음악 방송에 출연하여 심사위원으로 활발히 활동하고 있다. 금여록이 있으면 재복과 남편복이 좋다.

박진영

(1971. 12. 13.~)

인기가수로 시작해 연예기획사를 운영

시 일 월 년	[대운]	62	52	42	32	22	12	2
정 임 경 신		계	갑	을	병	정	무	기
미 신 자 해		사	오	미	신	유	술	해

임수 일간이 자월 겨울철에 신강하므로 정화를 용신으로 쓰고 목은 희신이
된다. 토도 토극수하여 강한 수를 억제하므로 희신 역할을 할 수 있다. 1994
년 24세대 정대운 갑술년에 목화우이므로 〈난 때 기미〉고 가수도서 성공
하였다. 극비리 결혼한 1999년은 29세 때로 유대운, 기묘년으로 년운은 좋으
나 대운이 별로여서 공개적으로 결혼하지 못한 것으로 보인다. 미국에서 성
공한 2004년은 34세 병대운, 갑신년이라 대운, 세운 모두 호운이었다. 2024
년 54세 갑진년은 갑오대운으로 운세가 좋으며 61세까지 연예 기획자로서 운
세가 좋다. 남자가수로 댄스실력이 뛰어났고 기획사를 차려 대성공하였다.

이하늬

(1983. 3. 2.~)

미스코리아 진 출신으로 탤런트 활동 중

시 일 월 년	[대운]	62	52	42	32	22	12	2
신 기 갑 계		신	경	기	무	정	병	을
미 축 인 해		유	신	미	오	사	진	묘

기토일간이 인월에 태어나 신약하므로 화토를 필요로 한다. 병진, 정사, 무
오, 기미대운이 화토운이므로 40년간 대길하여 24세 때인 2006년 병술년 미
스코리아 진에 선발되고 연예계로 진출하여 배우로서 크게 활약한다. 오대운

신축년의 식신운인 2021년에 39세의 나이로 결혼하고 다음 해 자식이 생겼다. 원국에 관성인 갑인이 강하게 자리잡고 있음에도 기축일주가 간여지동이고 축미충이라 늦은 나이에 남편과 딸이 생겼고 2024년 갑진년 42세로 기미대운 시작이므로 앞으로도 10년간은 배우로서 인기를 유지할 것이다.

일지가 충을 당하면 결혼이 늦어진다.

엄정화

(1969. 8. 17.~)

50대 중반에도 미혼인 여배우

시	일	월	년	[대운]	58	48	38	28	18	8
을	갑	임	기		무	정	병	을	갑	계
해	자	신	유		인	축	자	해	술	유

신자수국이 되고 금생수하니 수목이 왕하여 종왕격이라 하겠다. 따라서 수목운이 호운이고 48세에 천간정운도 정임합화목되고 지지 축은 해자축수국이 되어 길하다. 23세부터 술운도 신유술금국이 되어 금생수하니 가수와 배우로서 데뷔하여 성공적인 행로를 걷는다. 56세인 현재까지도 주연 배우로서 활발히 활동 중이고 아직까지 미혼인데 그 이유는 원국의 관성이 수에 설기되어 제 역할을 하지 못하기 때문이다.

여자인 경우 관성이 무력하면 결혼이 잘 안된다.

진 성

(1960. 8. 6. ~)

무명생활을 하다 50대에 대박을 친 트로트가수

시 일 월 년	[대운]	71	61	51	41	31	21	11	1
갑 병 계 경		신	경	기	무	정	병	을	갑
오 인 미 자		묘	인	축	자	해	술	유	신

여름철 병화가 강렬하므로 수를 생조하는 금을 용신으로 삼고 토는 희신, 수는 천간으로 오면 무난하다.

또한 천간으로 오는 무토는 무계합화하여 강한 일간에 기름을 붓는 격이므로 나쁘다. 대운을 전체적으로 보면 초년에 평범하나 20대부터 40대까지는 무명 가수로 어려움을 많이 겪을 운세이다. 비로소 50대가 되어서야 기축대운을 맞이하니 운이 열려서 자신이 부른 노래가 대히트를 하게 되었다. 2012년 임진년은 대운, 원국, 세운이 토생금, 금생수하니 유통이 잘 되어 〈안동역에서〉가 크게 인기를 끌었다. 2016년은 축대운중 병신년으로 세운이 화운으로 나쁘고 인신충하니 혈액암에 걸려 투병 생활을 하게 되었다. 그러나 대운이 좋으니 점차 호전되어 트로트계 인기 가수로서 활발히 방송 출연을 해오고 있다.

혈액암에 걸렸어도 완치 후 가수활동을 열심히 하고 있다.

장나라

(1981. 3. 18.~)

한국과 중국의 두 나라에서 톱 가수 겸 탤런트

시 일 월 년	[대운]	67	57	47	37	27	17	7
병 을 신 신		무	정	병	을	갑	계	임
자 미 묘 유		술	유	신	미	오	사	진

묘월의 을목이라 득령했는데 금의 극을 강하게 받고 있어 신강한 사주가 중화되었다고 판단된다. 원국이 최상으로 잘 구성되어 있으며 도화가 3개나 있으니 대운에 크게 영향받지 않고 식상을 잘 이용하여 가수, 연예인으로서 최고의 성공을 거두었다. 특히 17세부터 46세까지는 대운 천간은 일간이 생조를 받고 대운지지는 일간의 힘을 써서 재성을 생하고 있으니 금상첨화의 운이 아니라 할 수 없다. 그러한 조건에서 장나라는 가수와 연기 분야 모두에서 한국, 중국 두 나라에 걸쳐서 활약을 했다. 단지 남자 관계에 있어서 천간에서 을신 쟁충하는 어려움이 있으니 2022년에야 결혼하였다. 자신의 끼를 잘 살린다면 연예인으로 대성하게 된다.

한가인

(1982. 2. 25. ~)

세운이 좋을 때 출연한 작품이 크게 흥행

시 일 월 년	[대운]	57	47	37	27	17	7
경 기 임 임		병	정	무	기	경	신
오 묘 인 술		신	유	술	해	자	축

　기토 일간이 인오술화국으로 신강하니 수를 용신, 금을 희신으로 삼는다. 대운지지가 축자해, 술유신으로 수, 금대운으로 연결되니 일단은 유리한 운세라고 보고 대운 천간의 희기에 따라 변동수가 발생하는데, 초년에는 천간자가 길신이나 37세 이후는 천간자가 도와주지 못하니 배우로서 전성기는 끝이 난다. 2005년 을유년은 남편에 해당하는 관운인데 을경합금되니 희신으로 작용하여 연정훈과 결혼하였다.

　2008년부터 2013년까지 기대운은 용신운은 아니나 토생금이 가능하고 대운지지가 수이니 2012년 임진년에 세운이 최상이니 〈해를 품은 달〉, 〈건축학개론〉으로 출연 작품이 크게 흥행했다. 2013년부터 2018년까지 해대운은 해묘합으로 목생화하니 오히려 불리한 운세라 연기 활동과 흥행이 저조해졌다.

　대운이 주변환경이라면 세운은 결정적 성과를 맺는 해이다.

김태희

(1980. 3. 29.~)

당대 최고 탤런트로 가수 비와 결혼

시 일 월 년	[대운]	59	49	39	29	19	9
계 신 기 경		계	갑	을	병	정	무
사 축 묘 신		유	술	해	자	축	인

　묘월의 신금이라 득령은 못했지만 주변 5자가 모두 일간을 생조해주니 매우 신강한 사주가 되었다.

　목을 용신으로 쓰고 화와 수는 금을 극설하는 희신이 될 수 있다. 전체적으로 나쁜 대운이 없고 최소한 평탄한 운세 이상으로 진행되니 CF와 연기로 재벌에 버금가는 부자가 되었다. 식신 계가 사, 묘 2개의 귀인을 갖추고 있어 광고 모델로 대박을 거두었고 37세 자대운 병신년은 용신대운이고 관성과 합이 되는 해이니 가수 비와 결혼을 하였다.

　득령을 못해도 주변에 강한 세력을 얻으면 정신력이 강해진다.

원 빈

(1977. 11. 10.~)

배우 이나영과 결혼

시 일 월 년	[대운]	62	52	42	32	22	12	2
경 신 신 정		갑	을	병	정	무	기	경
인 미 해 사		진	사	오	미	신	유	술

해월의 신금으로 신약한 사주이니 토금이 필요하다. 대운을 보면 초년부터 40세까지가 운이 좋은 시기이고 이후는 내리막길이다. 그래서 2010년 이후는 영화나 드라마 출연이 없다. 2004년 28세 무신대운 갑신년, 2010년 34세 정미대운 경인년에 출연한 영화가 크게 흥행했다. 2015년은 39세 미대운 을미년으로 토생금, 을경합금하니 배우 이나영과 결혼하였다.

대운이 좋을 때 흥행에 성공했고 나쁠 때는 출연한 작품이 없다.

염정아

(1972. 7. 28.~)

정형외과 의사와 결혼한 인기 여배우

시 일 월 년	[대운]	67	57	47	37	27	17	7
을 경 정 임		경	신	임	계	갑	을	병
사 신 미 자		자	축	인	묘	진	사	오

경금일주가 신강한데 임자로 세금하고 화로 제련하니 목화운에 발전한다. 초년부터 40대까지 대운이 받쳐 주니 연기자로서 꾸준히 활약한다. 2006년 이면 35세 진대운 병술년으로 목이 뿌리를 내리고 화기가 왕성해지니 관성이 작용하여 결혼에 이르렀다. 지지에 사신형살을 갖추고 있으므로 정형외과 의사 남편과 결합하게 되었다. 2019년 48세에 임인대운, 기해년에 수생목하여 최우수연기상을 수상하였다.

일지와 시지가 사신형이라 수술에 관여하는 외과 의사와 인연이 맺어졌다.

이나영

(1979. 2. 22. ~)

길거리 캐스팅으로 모델, 연기자로 진출해 성공

시 일 월 년	[대운]	57	47	37	27	17	7
신 경 병 기		경	신	임	계	갑	을
사 신 인 미		신	유	술	해	자	축

17세경에 갑기합으로 기토가 묶이고 넌지에 미토가 귀인이 되니 길거리 캐스팅이 되어 모델로 진출했다.

경금일주가 신강하고 화기가 적절하니 수를 용신으로 사용하는 것이 좋겠다. 갑자, 계해, 임대운에 연예계에서 활약하게 되고 2004년은 27세 계해대운

초의 갑신년으로 대길한 운이라 여우주연상을 수상하였다.

2015년 원빈과 결혼한 시기는 임술대운초 갑오년으로 거의 비슷하게 길힌 운세였고 이후 술대운에 하항길로 섭어늘면서 신유, 경신대운은 금생수가 가능하므로 더 이상의 발전은 기대되지 않으나 평운으로 유지되겠다.

인물이 뛰어나다면 길거리를 가다가 캐스팅되는 행운을 누릴 수 있다.

테일러 스위프트

(1989. 12. 13.~)

2020년대 미국의 세계적인 여가수

시 일 월 년	[대운]	59	49	39	29	19	9
신 정 병 기		임	신	경	기	무	정
축 미 자 사		오	사	진	묘	인	축

자월의 정화라 약간 신약한 편으로 목화운에 가장 좋다. 19세부터 38세까지 무인, 기묘대운이라 최상의 운이라 볼 수 있는데 지지에서 목생화해주면서 무기가 토생금하므로 엄청난 인기를 얻으면서 돈을 벌어들인다. 일지를 기준으로 축미충이고 자미원진이라 남자와의 인연은 약해 보인다. 실제로도 테일러 스위프트는 여러 명의 남자들과 교제를 했으나 결혼까지 이르지 못하고 모두 단기간의 연애로 끝나고 말았다. 원국에 식신이 3개나 되고 대운에서도 식상운이 더해지니 작사, 작곡까지 겸하는 탁월한 가수가 되었다. 재성인 금기가 튼튼해서 조단위의

174

엄청난 부를 이루었으나 일지가 충과 원진을 당하니 남편운은 원활치 못하다.

조여정

(1981. 2. 10.~)

뛰어난 연기력으로 각종 최우수상을 받은 여배우

시 일 월 년	[대운]	59	49	39	29	19	9
임 기 경 신		병	을	갑	계	임	신
신 미 인 유		신	미	오	사	진	묘

　　인월의 기토일간이고 일지에 통근해 있으나 팔자 전체를 고려하면 신약이 분명하다. 원국에서 식신, 상관이 투출하였으니 모델과 연기 분야에 모두에서 가능성이 보이고 대운을 보면 천간은 불리하나 지지에서 확실히 받쳐 주니 연예계에서 상당한 정도의 위치까지 상승이 가능하다. 약한 일간을 생조해주는 화토운에 크게 성공할 수 있는데 2019년 39세는 갑오대운에 기해년이라 갑기합화토가 되니 출연한 영화 〈기생충〉이 천만영화가 되었고 각종 최우수 연기상을 수상하였다. 아직 미혼인데 일주가 간여지동이고 원진살이 붙어 결혼이 늦다.

　　대운과 세운이 합하여 용신운으로 변하니 영화 〈기생충〉으로 최고의 행운을 잡았다.

이선균

(1975. 3. 2.~)

마약 스캔들로 운명을 달리한 배우

시 일 월 년	[대운]	59	49	39	29	19	9
병 정 무 을		임	계	갑	을	병	정
오 미 인 묘		신	유	술	해	자	축

정화 일주가 득령하여 왕성하니 화에 종해야 한다. 그렇지 않으면 생명이 위태로운 사주다. 또한 금오행은 기신이고 지지와 충하게 되니 재성이 좋지 않은 역할을 한다. 따라서 인기가 올라가는 것은 좋은 일이지만 그에 비례해서 큰 돈이 들어오게 되니 오히려 돈이 자신을 위험에 빠뜨리는 원흉이 되는 참으로 아이러니한 사주 구조이다.

29세부터 38세까지 을해 대운 중 을은 당연히 무난하고 35세 무렵의 해대운은 수운이라 나쁠 것 같으나 지지에서 해묘미 삼합을 하니 도리어 목생화가 잘 되어 결혼을 하고 자식도 둘이나 얻게 된다. 39세부터 10년간은 목생화에 오술합화하니 연기자로서 절정의 시기를 맞이하게 된다.

그런데 2023년 49세로 계유대운 시작년이라 무계합화하여 운이 좋을 것 같으나 계묘년이라 다시 무계합으로 기반이 되니 길변화흉이 된다. 갑자월은 자묘형살에 걸려 마약 수사를 받게 되고 일지가 자미원진에 걸려 배우자와의 사이, 연기와 광고 계약 관계가 틀어진다. 올해는 이와 같이 변화막측한 최악의 상황이 전개되어 결국 스스로 목숨을 끊어 버리고 말았다.

길변화흉이 되고 형살에 걸리면 극단적 선택을 할 만큼 견디기 힘들다.

윤아

(1990. 5. 30.~)

2세대 걸그룹 소녀시대의 멤버

시 일 월 년	[대운]	58	48	38	28	18	8
기 을 신 경		을	병	정	무	기	경
묘 미 사 오		해	자	축	인	묘	진

여름철 을목으로 신약하므로 수목을 필요로 한다. 대운지지가 목, 수운으로 흐르니 전체적으로 운이 좋다. 걸그룹 소녀시대의 멤버로 38세 시작하는 정축대운만 빼고 연예인으로서 가수와 연기에서 모두 성공하게 된다. 식상과 관성의 세력이 싸우는데 재가 유통을 시켜준다. 따라서 재운도 괜찮은 시기이다. 결혼은 지지로 관운이 들어온다면 성사 가능성이 높다. 월지 사는 금여이고 일지는 반안이므로 재물운이 좋고 공명을 이룰 수 있다.

금여와 반안은 굉장히 좋은 신살이라 인기 걸그룹에 소속되어 활동하게 되었다.

태연

(1989. 3. 9.~)

걸그룹 소녀시대의 리더

시 일 월 년	[대운]	60	50	40	30	20	10
임 무 정 기		계	임	신	경	기	무
자 진 묘 사		유	신	미	오	사	진

무진 괴강일주로 리더 역할 적격, 묘월의 무토일간이 약간 신약하므로 화토를 쓴다. 10대와 20대에 대운이 최상이라 걸그룹 소녀시대의 멤버로, 솔로로, 각종 예능으로 성공 가도를 달렸다. 30대 전반에는 약간 주춤하나 후반에 다시 활발한 활동으로 인기를 유지할 것이다. 대운에 관운을 만나지 못해서 아직 미혼인 걸로 판단되니 다행히 세운에서 을운을 만나 관계를 잘 형성하면 결혼 가능하다.

무진 괴강일주는 어느 단체에서나 리더의 임무를 잘 수행할 수 있다.

은정

(1988. 12. 12.~)

인기 걸그룹 티아라의 멤버

시 일 월 년	[대운]	52	42	32	22	12	2
임 신 갑 무		무	기	경	신	임	계
오 축 자 진		오	미	신	유	술	해

걸그룹 티아라의 멤버이다. 신금이 득령을 못하고 수기가 강하기 때문에 토금을 필요로 한다. 17세부터 57세까지 대운이 희, 용신운에 해당하니 걸그룹 가수와 배우로서 모두 성공적이다. 정재와 정인의 귀인인 축이 일지에 있어 도움이 된다. 인성의 힘을 얻어서 예능과 체육 분야 전체에 걸쳐 두루 능하다. 관운이 늦게 드니 결혼은 늦을 것으로 예상해 본다.

신금은 잘 다듬어진 보석과 같은 존재라 계수는 싫지만 임수는 기쁘다.

정국

(1997. 9. 1.~)-

남성 그룹 방탄소년단의 멤버

시 일 월 년	[대운]	59	49	39	29	19	9
계 병 무 정		임	계	갑	을	병	정
묘 오 신 축		인	묘	진	사	오	미

신월의 병화인데 시주가 목화상생이 아닌 이상 신약한 구조이므로 화를 용

신으로 한다. 대운의 흐름이 화목이니 운로가 매우 좋다고 할 수 있다. 초년부터 34세까지 용신운이므로 가수로서 대성하게 되었다.

2013년 계사년 데뷔하였고 2021, 2022, 2023년은 신축, 임인, 계묘년으로 25~27세에 해당, 오대운에 속한다. 병신합이 되고 정임합목, 무계합화가 되어 세운도 무난하므로 그룹 방탄소년단이 미국에서 빌보드 1위를 하는 등 대성공하고 2023년 솔로로서도 1위를 차지하였다.

사주 원국도 좋지만 대운의 환경을 잘 만나 소속그룹이 빌보드 차트 1위까지 올라가는 인기를 누렸다.

송중기

(1985. 9. 19.~)
외국여자와 재혼한 인기배우

시 일 월 년	[대운]	54	44	34	24	14	4
병 신 을 을		기	경	신	임	계	갑
신 유 유 축		묘	진	사	오	미	신

지지에 일간 금의 세력이 매우 강하므로 목화로 억제해야 한다. 19세 때 2003년 계미년은 아직 수대운이라 입시에 떨어졌고 다음 해 재수하여 유명대학에 들어가게 된다. 24세부터 영화, 드라마에 출연하여 지금껏 인기를 유

지하고 있다. 천간에 재가 두 개 드러나 있으니 재혼을 하게 될 운명이다. 33 세 때 드라마 〈태양의 후예〉에서 만난 송혜교와 35세 이혼하였는데 33세는 오대운이라 용신운이었고 35세는 신대운에 기해년이 기신운이라 헤어졌다. 2022, 2023 임인, 계묘년은 금생수, 수생목, 목생화로 이어지니 무난하게 풀려서 재혼하고 아들까지 얻게 되었다. 병화가 아들에 해당하는데 시지 신이 역마에 해당하니 외국에 나가 여자를 알게 되어 득남하게 된 것이다.

세운이 나쁠 때 이혼하였고 다시 세운이 좋은 흐름을 타자 재혼하고 아들을 낳았다.

황정민

(1970. 9. 1.~)

동량지목으로 사용되는 나무

시	일	월	년	[대운]	63	53	43	33	23	13	3
정	갑	갑	경		신	경	기	무	정	병	을
묘	신	신	술		묘	인	축	자	해	술	유

신월의 갑목이므로 금기가 강한 시기에 다 자란 갑목을 강력한 금으로 다듬어서 사용하는 것이 좋겠다.

그래서 토금운에 좋은 결과를 얻을 수 있는데 20대 초에서 30대 초반까지는 힘든 세월을 보내고 그 이후 무, 기축, 경, 신대운에 배우로서 활약하게 된다. 43세부터 58세까지는 영화배우로서 최고 전성기를 맞게 되니 연이어 출연한 영화가 흥행에 대성공하였고 지금부터 몇 년 동안도 잘 될 것으로 기대된다. 2023년 출연한 〈서울의 봄〉도 대박이 나 관객 동원에 성공하는 중이다. 가을철의 잘 자란 나무로 배우로서 영화계에 이바지하고 있다.

정우성

(1973. 4. 22.~)
20대에 데뷔하였고 30대 중반부터 인기배우가 됨

시 일 월 년	[대운]	66	56	46	36	26	16	6
기 무 병 계		기	경	신	임	계	갑	을
미 자 진 축		유	술	해	자	축	인	묘

무토 일간의 주변에 토기가 왕성하니 수를 용신으로 한다. 금수운이 길한 운이라 하겠는데 36세부터 60세까지가 좋은 시기이다. 15세까지는 자묘형살을 끼고 있어 어려움을 겪었고 20세경에는 귀인 축이 인과 암합하여 영화계에 1994년 〈구미호〉로 데뷔하였다. 2004갑신년, 2013계사년, 2017정유년, 2022임인년, 2023계묘년이 흥행에 성공한 해이고 앞으로 10년간은 영화계에

서 좋은 결과가 예상된다.

사회초년에는 별로였으나 대운이 좋게 변화하자 크게 유명해졌다.

송강호

(1967. 2. 25.~)

뛰어난 연기력으로 영화계의 거물이 됨

시 일 월 년	[대운]	67	57	47	37	27	17	7
경 경 임 정		을	병	정	무	기	경	신
진 신 인 미		미	신	유	술	해	자	축

인월의 경금이 쇠약하므로 토금이 필요하다. 초반은 평범한 운이었으나 37세부터 지지로 토금운이 도와주니 영화계에서 주연급으로 흥행에 성공하고 연기력으로 영화제에서 각종 상을 휩쓸었다. 대운이 좋고 원국에서 식신생재가 잘 구성되어 있어 연기로 큰돈을 벌어들이게 된다.

처음은 미약하였지만 자신의 재능을 잘 살려서 영화계의 톱배우가 되었다.

마동석

(1971. 3. 1.~)

시 일 월 년	[대운]	69	59	49	39	29	19	9
정 을 경 신		계	갑	을	병	정	무	기
축 유 인 해		미	신	유	술	해	자	축

신강에 금기가 강하므로 관살을 억제하기 위해서 화를 용신으로 하는 것이 좋아 보인다. 대운을 보면 20대까지는 재운이라 평범했을 것이고 30대부터 점차 나아지다가 40대 중반 이후 술운과 50대 전반 을운에 인술합화되고 목생화되므로 길운이 되어 영화의 주연으로 흥행에 성공했다. 식신인 정화의 귀인인 해와 유를 지지에 갖추고 있으니 배우 활동에 큰 도움이 되었을 것이다. 시지에 편재가 위치하니 늦은 나이에 재산을 모으고 2021년에 결혼하였다.

거칠고 다부진 외모를 가지고 천만영화 〈부산행〉, 〈신과함께-인과연〉, 〈범죄도시2〉, 〈범죄도시3〉, 〈범죄도시4〉 5편에 출연하였다.

이정재

(1972. 12. 15.~)

〈오징어게임〉으로 세계적 배우가 됨

시 일 월 년	[대운]	68	58	48	38	28	18	8
경 경 임 임		기	무	정	병	을	갑	계
진 진 자 자		미	오	사	진	묘	인	축

자월의 경금이 온통 수기가 강하므로 목을 용신으로 한다. 경진 괴강일주라 우두머리 성향이 있고 식신이 왕성하다. 초년 17세까지만 대운이 좋지 않고 이후는 간지가 모두 목화대운이므로 대체로 잘 풀린다고 볼 수 있으나 세밀히 보면 20대 초중반에 대단한 인기를 얻고나서 28세부터 37세까지 을묘대운은 좋지 못하다. 천간으로 을경합이 되어버리고 지지로는 자묘형살에 걸려서 작품의 흥행 성적이 좋지 못하게 된다. 진대운도 수국이 되어 좋지 못하지만 48세부터의 정사대운은 간지가 모두 화운이라 최고의 전성기를 맞게 된다.

경진 괴강일주로 국내에서 주연으로 활약하다 최근 넷플릭스가 제작한 〈오징어게임〉의 흥행으로 세계적 배우가 되었다.

제니

(1996. 1. 16. ~)

인기걸그룹 블랙핑크의 멤버

시 일 월 년	[대운]	57	47	37	27	17	7

정 임 기 을	을 갑 계 임 신 경
미 자 축 해	미 오 사 진 묘 인

임수일간이 해자축수국으로 신왕한 구조이면서 추위가 심하니 목화를 희용신으로 한다. 천간자로 경신임계대운은 불리하나 지지로 임묘진사오미 목화운으로 흐르니 전체적으로 대운이 유리한 방향으로 흐른다. 비록 천간대운이 금수운이라도 금생수, 수생목되니 나쁘다고 볼 수 없다. 상관이 천간에 떴으니 표현력이 좋고 패션 감각도 뛰어나다. 일지 자가 상관과 정관의 귀인에 해당하니 소속사에서 연습생으로 잘 준비된 상태에서 걸그룹 블랙핑크의 멤버로 데뷔하였고 솔로 가수로서도 인기를 크게 얻게 되었다. 초년에 상관의 표현력을 가수로서 잘 활용해 세계적 가수로 성장하였다.

박은빈

(1992. 9. 4. ~)

5살때부터 아동복 광고모델을 시작함

시 일 월 년	[대운]	60	50	40	30	20	10
정 계 무 임		임	계	갑	을	병	정
사 미 신 신		인	묘	진	사	오	미

계수 일간이 사신합수 가능하고 금, 수, 토기가 강하므로 목화를 희용신으

로 잡는다. 대운의 천간지지가 초년부터 중년 이후까지 화목운으로 흐르니 어린 시절부터 방송에 출연하여 사회생활을 하였고 광고 모델부터 시작하여 연기자 생활을 지금까지 꾸준히 해오고 있다. 앞으로도 오랫동안 방송계에서 연기자로서 성공적인 인생길을 유지할 것으로 전망된다.

대운간지로 화, 목운이 연속되니 배우로서 명성을 오래 유지할 것이다.

손예진

(1982. 1. 11.~)

2001년 청춘스타로 혜성처럼 등장

시 일 월 년	[대운]	69	59	49	39	29	19	9
병 갑 신 신		무	정	병	을	갑	계	임
인 오 축 유		신	유	술	해	자	축	인

천간 지지로 추운 겨울에 금국이 형성되므로 목화를 용신으로 한다. 수운이 와도 수생목, 목생화하니 나쁘지 않다. 초년부터 40대까지 수목운이 연속되고 그 후 60 중반까지 화운이 오니 연기자로서 승승장구하겠다. 상관을 일지에 깔고 식신이 투출했으니 연기력도 우수하고 관성이 매우 강해 중단 없이 매 드라마에 성실히 작품 활동을 계속해 오고 있다.

같은 동갑내기 연기자인 현빈과 41세 되는 을대운, 임인년에 금생수, 수생목, 목생화하여 결혼했다. 청순 미녀배우의 이미지로 한국의 3대 영화제에서 무려최우수 연기상을 다섯 번 수상하였다.

현 빈

(1982. 9. 25. ~)

학창시절부터 잘생긴 외모로 유명해 배우로 진출

시 일 월 년	[대운]	65	55	45	35	25	15	5
갑 신 기 임		병	을	갑	계	임	신	경
오 해 유 술		진	묘	인	축	자	해	술

신강한 금일주이므로 수목을 용신으로 쓸만하다. 보석과 같은 귀금속은 너무 불기가 강하면 망가지기 쉬우므로 조심스럽게 다루어야 한다. 15세부터 수 기운을 받아서 60대까지 수목운이 진행되니 연기자로서 성공하는 인생을 살게 된다. 잘생긴 외모 말고도 상관이 간지에 힘을 갖추고 있으므로 연기력도 뛰어나다.

월지가 비견이면서 관대지라 처음에는 운동 능력이 필요한 공무원 계통을 원했으나 일지가 상관이라 연극을 접해 본 후는 연기에 매료되어 배우를 지망하게 되었다.

일지인 해중 갑목이 처가 되므로 같은 배우이면서 동갑인 손예진과 2022년 늦은 나이에 결혼했다. 축대운을 맞아 유축 합금이 되면서 임인년이라 인해 합목으로 정재인 목 기운이 동하니 결혼하고 아들도 낳았다. 관성대운이 희신이 되므로 결혼과 동시에 자식을 낳았다.

송혜교

(1981. 11. 22. ~)

데뷔 초부터 뛰어난 연기력 발휘

시 일 월 년	[대운]	68	58	48	38	28	18	8
정 기 경 신		정	병	을	갑	계	임	신
묘 사 자 유		미	오	사	진	묘	인	축

자월의 기토라 한랭하므로 목화를 용신으로 하고 수가 기신이 된다. 대운이 전반적으로 목화로 흐르니 연예인으로서 대성하게 된다. 무남독녀로 태어나 드라마에서 시청률의 여신으로 불린다. 년지 유가 장성살이면서 인수인 정화의 귀인이 되므로 초년 데뷔할 때 많은 도움이 됐을 것이다. 식상이 천간에 두 개나 투출해서 연기력이 뛰어나다. 말년까지도 드라마에서 활약할 것으로 기대된다.

2000년대를 대표하는 미녀 연예인들 중 한명이다. 동시대 배우로 김태희, 전지현이 유명하다.

송승헌

(1976. 10. 5.~)

모델출신 배우로 진한 눈썹이 포인트이다.

시 일 월 년	[대운]	65	55	45	35	25	15	5
신 임 기 병		병	을	갑	계	임	신	경
유 오 해 진		오	사	진	묘	인	축	자

임수 일간이 목을 키우는 것을 목적으로 식상을 용신으로 한다. 형과 누나가 있고 1995년 연예계에 데뷔했다. 수, 목운이 오면 무난한데 목운이 가장 좋다. 30~35세, 40~45세가 인, 묘대운이라 성공을 거둘 수 있다. 임의 천을 귀인 사가 시지에 있고 병의 천을 귀인 해가 월지에서 역마라 연예계에서 이름을 날리고 특히 중국에 진출하여 대박을 터트렸다.

2016년 한중합작영화 〈제3의 사랑〉에 주연으로 유역비와 함께 출연한 한류스타이다.

손태영

(1980. 8. 19.~)

미스코리아 출신 탤런트로 미국으로 이주

시 일 월 년	[대운]	67	57	47	37	27	17	7
무 계 을 경		무	기	경	신	임	계	갑
오 묘 유 신		인	묘	진	사	오	미	신

월지에서 생조하고 초년도 인성운이라 신강한 계수 일간이다. 대운 지지로 목화운이 연속되니 크게 부자가 될 운명이다. 17세 시작하는 대운이 계미라 크게 좋아 보이지 않지만 시간의 무와 합하여 화로 변할 수 있으니 20세에 미스코리아에 당선되고 이를 기반으로 연예계에 진출하여 탤런트 활동을 한다.

원국에 을경합이 있고 지지에서 금극목으로 목이 쇠약해져 배우 활동에 있어 연기력이 문제가 될 수 있다. 자신의 노력이 많이 요구되므로 연기자로서의 명성은 얻기 힘들다. 그러나 재관의 형세가 좋아 무계합하니 연기력을 갖춘 남편 권상우와 부부가 되어 재산을 크게 불리게 된다. 2008년 배우 권상우와 결혼해 화제가 되었다.

2009년 2월 6일 첫아들을 출산하였다. 이후 2015년 1월 10일 오전 1시 둘째 딸을 출산했다는 소식을 전했다. 아들은 권룩희, 딸은 권리호로 이름을 지었다.

2020년에 미국 뉴저지로 이사했다.

세계 미인대회인 미스인터내셔널에서 2위에 입상해 미모를 인정받은 한편, 연기력 논란이 있는 배우이다.

권상우

(1976. 8. 5.~)

패션모델로 데뷔해 본격 연기자로 명성을 얻음

시 일 월 년	[대운]	64	54	44	34	24	14	4
갑 계 병 병		계	임	신	경	기	무	정
인 축 신 진		묘	인	축	자	해	술	유

목화기운이 약간 우세해 보여 금, 수운이 길하고 갑기합토, 무계합하니 관운인 토운도 괜찮다. 24세 기해대운은 갑기합토로 영화의 주연 배우로 캐스팅되었다.

2008년 33세, 무자년에 80년생인 같은 연예계의 배우인 손태영과 결혼하였다. 재성인 병화가 지지에 식신을 진토 관의 고지에 담아두고 있으니 연기력도 상당하다.

2019년 44세부터 신축대운인데 병신합으로 길하다. 재성인 화기가 지지에 뿌리를 내리고 있어야지만 수백억 재력가가 될 수 있다. 인중 병화가 있으니 말년으로 갈수록 재산이 크게 늘어나게 된다. 축인 암합하고 있으니 큰돈을 부동산 문서로 갖고 있다.

몸 관리를 잘해서 액션연기에도 뛰어나다.

김연자

(1959. 1. 25.~)

일본으로 진출해 성공한 여가수

시 일 월 년	[대운]	70	60	50	40	30	20	10
무 을 병 기		기	경	신	임	계	갑	을
인 유 인 해		미	신	유	술	해	자	축

상관생재 사주인데 상관의 천을귀인인 해, 유를 년, 일지에 갖추고 있고 년지는 역마에 해당하니 일본까지 진출하게 되었다. 1982 임술년에 대운에서 갑기합토, 세운에서 토극수, 토생금하므로 재생관하여 18세 연상남과 결혼하였다.

목기가 여러 개이므로 토금을 희용신으로 삼고 화운은 무난하다. 20대 전반 갑기합토운 길, 30대 초반 무계합화, 화생토 길, 40대 후반 토생금 길, 50대 후반과 60대, 70대 금운, 토운으로 길하다.

역마살을 잘 살린다면 해외로 나가 성공한다.

이주일

(1940. 10. 24.~2002. 8. 27.)

코미디언의 황제라는 별명으로 유명

시 일 월 년	[대운]	65	55	45	35	25	15	5
병 경 정 경		갑	계	임	신	경	기	무
자 오 해 진		오	사	진	묘	인	축	자

수화의 세력이 비슷하므로 목으로 용신을 삼아 수생목, 목생화로 통관시킨다. 일간 경금을 제련해서 사회에서 쓸 수 있다. 그래서 30세, 40세 무렵에 운이 좋아지고 45세 임대운은 정임합목이 될 수 있으니 그런대로 살 만하다. 진대운은 수목기가 강해지므로 국회의원을 하게 되었다. 60세는 사대운이라 사해충이라 사중 경금이 깨지면서 폐암에 걸려 다음 해 사망했다. 원국에 경금이 약한 상태인데 지지에서 충과 원진이 걸려 있으니 위험성 있는 사주이다.

천간의 금기 2개가 모두 화기 2개에 의해 극상당하니 폐병으로 사망하였다.

이은주

(1980. 12. 22.~2005. 2. 22.)
아까운 20대의 나이에 운명을 달리한 여배우

시 일 월 년	[대운]	46	36	26	16	6
갑 기 무 경		계	갑	을	병	정
술 사 자 신		미	신	유	술	해

월지를 중심으로 금수기운이 강하므로 화토를 희용신으로 삼는다. 16세부터 10년간은 화토운이라 좋았는데 26세에 들어서면서 갑자기 대운이 10년간에 걸쳐 금기의 상관운으로 바뀌어 버린다. 2005년은 대운과 동일한 을유년이라 불길한 기운이 중첩되니 대흉한 해이다. 자유파에 해당하니 집안이 깨지는 운이라 이겨내지 못하고 생을 마감하였다.

대한민국 연예계에서 처음으로 여자 연예인이 스스로 목숨을 끊었기 때문에 그 당시 인터넷 사이트가 마비가 되기도 했다. 한때 이은주의 사망 이유가 어머니와 오빠의 도박, 사업, 빚 때문이라는 말이 돌기도 했지만 이는 사실이 아닌 루머이다. 실제로 이은주의 어머니와 오빠는 사업과 도박을 한 적이 없다. 이은주의 사망 이유는 영화 〈주홍글씨〉에서 먹지도 자지도 못하며 배역에 깊게 몰입을 해 정신적, 육체적으로 우울해지고 피폐해져 결국엔 몸과 마음이 스스로 제어할 수 없을 만큼 괴로워져 안타까운 선택을 한 것이다. 우울증으로 극단적 선택을 한 것으로 보아 생시를 술시로 추정한다. 술시는 일지와 사술 원진, 귀문관살에 해당하니 정신적으로 고통을 겪게 된다.

원진에 귀문관살이 있으면 우울증에서 벗어나기 힘들다.

혜은이

(1954. 9. 15.~)
가정에 물려받은 빚이 많았던 인기가수

시 일 월 년	[대운]	81	71	61	51	41	31	21	11	1
임 경 갑 갑			을	병	정	무	기	경	신	임	계
오 자 술 오			축	인	묘	진	사	오	미	신	유

경금이 수화기운을 대동하고 있으니 전형적인 연예인 사주인데 팔자의 배치가 불리하여 사회적으로는 큰 명성을 얻을 수 있으나 가정의 불안정함으로 어려움을 겪게 된다.

일간 경금이 의지할 데가 없으니 강한 세력에 종하는 수밖에 없다. 전반부는 화기 우세, 후반부는 수기우세인데 목생화가 강하니 화의 세력에 종하는 구조이다. 따라서 목화운에 발전할 수 있는데 지지를 보넘 초년 임신, 계유운이라 어려움을 심하게 겪다가 20대 중반 이후로 화운이 들어오니 성공 가도를 달린다.

그러니 계속 순탄하지는 않고 무기토운에는 경금이 뿌리를 얻으므로 흉운이 된다. 일지인 자가 시지 오와 충하므로 남편과의 결혼 생활이 순탄치 않을 것이 분명하다. 그래서 이혼과 재혼을 반복했고 천간 임수가 아들이고 일지에 자수가 딸에 해당되어 1남 1녀를 두게 된다.

즉, 남편 자리가 안정되지 못하니 가수로서는 대성했으나 가정적으로는 행복하지 못하고 재정적으로도 재가 천간에 뜬 재물이라 남편 때문에 손해를 많이 보게 되었다. 토운이 오면 가장 위험스러운 상황이 전개되므로 사전에 대비를 해 둘 필요가 있는데 본인은 그 운세를 파악하지 못했기 때문에 파란만장한 일생을 겪게 되었다.

재성이 지지에 뿌리를 제대로 못하므로 많이 번 돈이 모두 사라지는 운명이다.

마이클 잭슨

(1958. 8. 29.~2009. 6. 25.)
미국에서 당대 최고의 팝가수

시 일 월 년	[대운]	54	44	34	24	14	4
기 무 경 무		병	을	갑	계	임	신
미 인 신 술		인	축	자	해	술	유

인신충으로 인목이 깨지니 목을 용신으로 하지 못하고 경금을 연마하는 것을 목적으로 삼아 금수를 희용신으로 한다. 그래서 43세 갑자대운까지는 세계적인 팝스타로 최고의 인기를 끌었으나 을축대운은 고난을 겪는다. 이 중간인 1994년에 결혼을 하게 되는데 이 해는 갑자대운중 갑술년으로 갑기갑 쟁합으로 기토가 묶인 것과 동일한 상황이 발생하니 약간 길한 운이 되고 인술이 묶이면서 일지가 살아나 처를 맞이하게 된다.

44세 이후부터는 을경합이 되어 금이 약화되고 축술형살, 축미충을 당하여 아동 성추행 혐의로 수사를 받아 법정에 서게 되니 그에 대해 극히 나쁜 여론이 형성된다. 그러다가 축대운 시작하는 2009 기축년에 토가 중화를 잃고 너무 강해지니 경금 식신이 땅에 묻히는 현상이 발생하니 가수로서 활동에 타격을 입음과 동시에 또다시 축운이 중첩돼서 결국 약물 중독으로 세상을 떠났다.

마음이 괴롭더라도 약물에 의존하지 말아야 한다.

박지선

(1984. 12. 24.~2020. 11. 2.)

나쁜 상황이 아님에도 내면의 문제로 극단적 선택

시 일 월 년	[대운]	35	25	15	5
갑 정 임 정		병	을	갑	계
진 미 자 묘		진	묘	인	축

자월의 정화로 추운 계절이라 화가 필요하므로 목화를 쓴다. 갑인대운은 마른 나무라 목생화가 잘 되어서 고려대 국어교육과에 들어갔으나 을묘대운에는 목생화가 힘들어 세운이 받쳐줘야 된다. 세운이 무난했던 시기는 개그맨으로서 역할을 잘해 나갔으나, 2020년 경자년은 금생수로 수기가 왕해지고 자묘형살까지 겹쳐 극단적 선택을 하고 말았다.

다음 해 병대운으로 바뀌면 좋아지지 않을까 생각해 볼 수 있지만 신축, 임인으로 세운이 오니 불길한 생각을 떨쳐 낼 수가 없었다. 천간은 수기가 득세하고 지지는 축미충, 인미 귀문으로 정신적으로 혼란을 피할 수 없으니 자신의 성격으로는 다른 선택의 여지가 없었다고 보인다.

전체적인 상황을 분석해 보면 박지선의 최대 관심사는 남자에게 있었다. 사주원국상에 천간이 정, 임, 정으로 남자를 사이에 두고 두 여자가 싸우는 형국인데 다른 여자가 정임합으로 남자를 채 가버리니 박지선은 자미원진, 자묘형살이 내면에서 작용하여 심한 마음고생을 하다가 개그맨으로서의 성공이 무의미해지고 삶의 의미를 잃어버린 것으로 결론을 내린다.

원국에 자미원진, 자묘형살이 있으니 죽고싶을 정도로 마음고생이 심했을 것이다.

남 진

(1945. 9. 27.~)

1960, 70년대 최고 인기가수

시 일 월 년	[대운]	88	78	68	58	48	38	28	18	8
정 갑 병 을		정	무	기	경	신	임	계	갑	을
묘 술 술 유		축	인	묘	진	사	오	미	신	유

갑목 일간이 묘술합화하여 목생화하니 대세는 화이고 유금은 홀로 극상당하여 무력하다. 따라서 화로 좋하니 목운은 길하고 수운도 수생목, 목생화 가

능하니 나쁘지 않다. 토는 재운으로 화운과 같이 길하다고 볼 수 있고, 금운은 병신합반, 신유술금국이 되니 불리한 시절이다.

1965년에 가수로 데뷔한 이후로 한편으로는 1967년부터 1977년까지 영화에서 주연배우를 담당했다. 1982년경은 임대운으로 정임합의 기반이 되니 신군부의 득세로 탄압을 받아서 그 이후 국내 활동은 거의 하지 못했다. 그래도 대운지지로는 미오사, 진묘인의 화목운으로 흐르니 가수로서의 명성은 이어졌다고 할 수 있다.

2023년 현재 남진은 79세로서 무인대운이 호운이므로 활발히 음악 분야의 방송 활동을 하고 있다. 앞으로도 10년 이상은 가수내지 방송활동으로 생명력을 유지하는 데 지장 없다.

세력에 좋는 구조로 데뷔 당시부터 인기 최고였고 현재도 심장이 튼튼해 정력적으로 방송활동을 하고있다.

김철민

(1967. 1. 20.~2021. 12. 16.)

원국에 금기가 전혀 없는 코미디언

시 일 월 년	[대운]	59	49	39	29	19	9
무 계 임 정		병	정	무	기	경	신
오 해 인 미		신	유	술	해	자	축

사주 원국을 보면 정임합목하고 해인합목하니 목의 세력이 아주 강하다. 일간은 의지할 데가 없으니 목, 화, 토의 세력 중에 가장 강한 목에 종한다. 년 지에 관을 깔고 있으니 초반에 KBS 공채로 입사할 수 있었고 해, 자 대운은 수생목하니 기타 치는 코미디언으로 잘 될 수 있었다. 또 39세 무술대운은 무 계로 쟁합하고 미술형, 오술합하니 대운의 작용이 그리 좋지 못했다. 49세부터 들어온 정유대운은 건강에 크게 악영향을 미쳤는데 유금이 정화에 의해 녹아가 던 중 2021 신축년을 맞이하여 목다 금결되고 화극금을 당하니 폐가 완전히 망 가져 사망에 이르렀다. 한가지 오행이 완전히 결핍되면 단명하게 된다.

이지한

(1998. 8. 3.~2022. 10. 30.)

최근에 사망한 젊은 연예계 유망주

시 일 월 년	[대운]	42	32	22	12	2
계 임 기 무		갑	계	임	신	경
묘 오 미 인		자	해	술	유	신

임수일간이 지지에 세력이 하나도 없고 목, 화, 토 세 오행이 득세하고 있 는데 이 중에서 토의 세력이 가장 강하므로 토에 종하기로 한다. 초년 경신,

신유 대운은 인신충, 묘유충으로 기신인 목을 충거하니 그런대로 무난한 운으로 볼 수 있다. 그러나 22세부터 27세 사이는 임대운으로 토와 상극인데 2022년 다시 임인년으로 기신인 수목운을 맞으니 최악의 운이나. 녹신약으로 강한 세력에 종해야 하는데 특히나 핼러윈 데이 축제에 참여하여 세상을 뜨고 말았다. 대규모 서양 축제에 참여한 것이 원인이 되어 사망한 것을 교훈 삼아 너무 사람이 몰리고 복잡한 곳은 피하는 것이 좋다.

강수연

(1966. 8. 18.~2022. 5. 7.)

당대 최고 여자 연기자

시 일 월 년	[대운]	69	59	49	39	29	19	9
정 갑 정 병		경	신	임	계	갑	을	병
묘 오 유 오		인	묘	진	사	오	미	신

가을의 갑목이라 다 자란 나무라 용도가 무엇일까 하니 주변이 온통 화의 세력이라 식상에 종하여야 한다.

그래서 어릴 때부터 아역 배우로 일을 했으며 월지에 관이 있으나 화 기운에 거의 녹아 힘이 없으니 결혼이 성사 안 된다. 누군가 그녀와 결혼했다면 그도 강수연과 같이 단명할 사주였을 것이다.

9세부터 48세까지는 원국에 자오묘유 도화끼가 있고 목화대운이라 자신의 연기 재능을 발휘하여 세계적 명성을 떨쳤으나 임대운은 용신 정화를 묶어버리는 대운이라 화에 종해야 할 갑목 일간 자신이 연기 활동을 중단하고 지낸다.

2022 임인년 진대운이라 진유합으로 미약한 금이 살아나서 목을 치니 대흉한 해인데 결국 갑목의 정신에 과부하가 와서 안타깝게도 뇌출혈로 사망하고 말았다. 59세 들어오는 신묘대운을 맞이해도 희망은 없다. 신운이 길신인 병을 합하고 지지에서 묘유충하니 목기와 금기가 동시에 깨지니 정신이 온전하기 어렵다.

화기에 종하는 구조에서 수기가 지극히 부족하여 두뇌를 보존하지 못한 것이 사인이다.

배 호

(1942. 4. 24.~1971. 11. 7.)

청년시절에 사망한 인기가수

시 일 월 년	[대운]	41	31	21	11
경 신 병 임		경	기	무	정
인 묘 오 오		술	유	신	미

신금이 지지에 세력이 하나도 없으니 가장 강한 화에 종하여야 되는 구조이다. 경, 신이 천간에 있고 화로 제련되니 노랫소리가 좋다. 그러니 문제는 임수가 강한 화에 극상을 닿하여 신장이 좋지 않나. 조년 정미대운에는 정임합, 오미합으로 원국의 두 글자가 제 역할을 하지 못하니 어려운 생활을 감당하고 소년 가장 역할을 해야 했다. 천을 귀인 인, 오가 있으니 삼촌과 악단 생활을 하다 가수의 길을 걸었다. 그러나 무신대운에 무토가 임수를 극하고 인신충으로 지지 신금이 파괴되니 대장, 방광이 심하게 손상되어 신대운 말에 복막염으로 30세에 사망했다. 신금 일간이 뿌리가 없으니 대장 계통이 손상되어 명을 다하였다.

구하라

(1991. 1. 3.~2019. 11. 24.)
30세 이전에 운명을 달리한 유명 여가수

시 일 월 년	[대운]	59	49	39	29	19	9
계 계 무 경		임	계	갑	을	병	정
축 유 자 오		오	미	신	유	술	해

광주광역시 출신으로 2008년 원년 멤버 김성희의 탈퇴 직후 열린 오디션을 거쳐 뽑혔으며 카라 미니 1집으로 2008년 7월 24일에 정식 데뷔했다. 여러 예능을 통해 전문 선수급의 뛰어난 순발력과 운동 능력을 자랑했다. 국내뿐

만 아니라 일본 예능 방송에서도 마찬가지다.

2015년 여름, 카라 멤버들 중에 유일하게 솔로 앨범을 발매하고 활동을 했지만 성적은 별로 좋지 못했다. 2016년 1월 15일로 한승연, 박규리와 함께 소속사 DSP미디어와의 계약이 만료되었고, 카라 활동 또한 더불어 종료되었다.

자월의 계수 일간이고 신강하면서 조후로도 겨울에 화가 필요하니 목화를 쓰겠다. 초년부터 28세까지는 화가 대운에 들어왔으니 연예계 진출로 성공했으나 29세가 되는 2019년(기해)부터 을유대운에 을경합금으로 변하니 아주 흉하게 되어 본인이 결국 목숨을 끊고 말았다. 원국을 보면 년지와 월지가 자오충인 상황에 수극화이니 화가 위태로운 모습이다. 심장이 약해서 나쁜 대운에 극단적인 선택을 한 것으로 보인다.

정신력이 강하더라도 심장이 너무 허약하면 위험하다.

최진실

(1968. 12. 24.~2008. 10. 2.)

시	일	월	년	[대운]	37	27	17	7
계	무	갑	무		경	신	임	계
축	진	자	신		신	유	술	해

최진실은 1988년부터 연예계에 데뷔하여 20년 이상을 인기 스타로 살다가 2008년 스스로 생을 마감하였다. 중도에 조성민과 결혼생활도 하였으나 자식 둘을 낳고 4년 만에 이혼하였다. 최진실의 사주는 지지가 신자진 수국으로 수의 세력이 너무 강하고 일간무토는 뿌리가 허약하니 수로 종하는 구조라 금수운이 좋다. 또한 천간 목운도 목극토하니 나쁘지 않다.

2000년 경진년은 본인에게는 좋다고 볼 수 있으나 관성인 갑목을 충하니 조성민과는 불화가 예상된다. 2004년 경신대운 갑신년에 관성인 남편이 자존심을 세우니 이혼하게 되었고 2008년(41세)은 경신대운 무자년으로 갑이 제거되고 일간무토가 천간의 힘을 얻어 왕성한 재의 세력에 저항하나 역부족으로 죽음을 선택하였다. 더구나 다음 대운이 기미대운으로 전개되니 일간이 힘을 얻게 되어 불행을 피하지 못할 운명이었다.

종하는 구조는 일간이 득지하는 시기에 대흉하다.

조성민

(1973. 5. 7.~2013. 1. 6.)
최진실의 남편으로 이혼 후 운명을 달리함

시 일 월 년	[대운]	41	31	21	11	1
갑 계 정 계		임	계	갑	을	병
인 묘 사 축		자	축	인	묘	진

조성민은 프로 야구 선수로 1996년~2002년 사이에 일본에서 야구를 하였으나 부상으로 일찍 은퇴하였다. 조성민은 계묘일간으로 여름철 사월에 태어나 너무 약한 연유로 목, 화, 토 중 가장 강한 세력인 화에 따라야 하는 운명이다. 그런데 최진실의 사주에 나타나 있듯이 남편이 되는 관이 두 여자에 다리를 걸치고 있다가 결국 이혼하고 2005년 불륜 관계이던 심미영과 재혼하였다. 30세까지가 목화운이고 계축대운 이후는 금수운이라 나쁜 와중에 40세인 2013.1.6. 임진년 수가 강해져 자존심이 망가지니 그도 스스로 생을 마감하고 말았다. 체격은 훌륭하나 최진실과 반대로 화기에 종해야 하는 구조인데 수기가 뿌리를 내리게 되니 죽음을 선택했다.

수지

(1994. 10. 10. ~)
재학 중 오디션에 참가하여 가수로 데뷔

시 일 월 년	[대운]	82	72	62	52	42	32	22	12	2
무 기 갑 갑		을	병	정	무	기	경	신	임	계
진 사 술 술		축	인	묘	진	사	오	미	신	유

사중 경금 술중 신금이 상관, 식신으로 초년 대운도 신, 유가 받쳐 주니 원

국의 화개와 대운 역마가 합하여 연예인이 되고자 광주광역시의 전남여고에서 서울로 전학하여 서울공연예술고등학교를 졸업하였다. 아버지가 태권도 관장을 하였고 본인도 공인 태권도 2단이며 어머니는 수지가 어려서부터 분식집을 운영하였다. 1남 2녀 중 차녀이고 수지가 처음으로 데뷔한 드라마가 〈드림하이〉였다.

소속사는 2019년 매니지먼트 숲으로 바꾸어 활동 중이고 2023년에는 〈안나〉라는 작품으로 여우주연상을 여러 개 수상하였다. 신미대운으로 식신운이고 년간의 갑을 극하여 좋은 시기이고 미술형살도 본인에게 유리하게 작용하여 가수, 배우, 광고모델로 최고 인기스타가 되었다. 갑기합화토격으로 진화가 되니 연예인으로 대부대귀가 가능하다. 경대운에 갑경충하니 두 갑중 하나를 버리고 가까운 갑을 취하여 32~37세 사이에 결혼을 하게 될 운이다.

나무들을 잘 키우는 평지의 형상이라 관성과 합이 되어 국민적 스타가 되었다.

김혜수

(1970. 9. 5.~)
각종 영화제에서 연기대상을 수상한 전설적인 배우

시 일 월 년	[대운]	80	70	60	50	40	30	20	10
기 무 갑 경		병	정	무	기	경	신	임	계

미 자 신 술	자 축 인 묘 진 사 오 미

화토의 세력보다 금수의 세력이 약간 우세하니 화토를 희용신으로 한다. 신월에 경금이 투출했으니 식신격이다. 10대에 무계합하니 돈에 이끌려 배우는 일을 시작했다. 20대는 임운에 금생수, 수생목하고 갑기합토하니 수운이지만 좋은 결실을 맺는다. 65세까지 화토운으로 흐르고 천간 경신운은 식상운으로 대운지지의 진사와 암합하고 있으니 나쁘지 않다.

55세에서 59세까지는 묘술합, 묘신암합, 자묘형살, 자미원진이 묘미합이 되니 파란만장한 세월을 겪겠다. 이 사주에서 초년에 남편에 해당하는 편관이 갑인데 식신에 둘러싸여 충을 당하고 있으니 인연이 닿지 않는다. 남자보다 일이 중요하고 인기를 유지하는 것이 좋다. 일지의 자는 남편의 욕패지라 눈에 차는 남자는 없고 무계암합으로 돈을 많이 버니 만족스럽다. 시지에 남편성이 미중 을목으로 숨어 있는데 45세 장년 이후의 인연이고 과숙살에 해당하니 일찍 결혼하면 과부가 될 운명이다.

원국이 자미원진이라 남편과 자식에 관심 없는 사주인데 55세 이후 묘미합하고 정관운으로 되니 결혼 인연이 생길 것이다.

목화토금수 오행이 모두 지지에 근을 두고 있으니 신체 건강하여 질병으로 걱정할 일 없다.

장윤정

(1980. 2. 16.~)

트로트 가수로서 최고 실력자

시 일 월 년	[대운]	84	74	64	54	44	34	24	14	4
신 기 무 경		기	경	신	임	계	갑	을	병	정
미 미 인 신		사	오	미	신	유	술	해	자	축

생시는 미시로 추정되고 2023년 현재 44세이다. 어릴 때 부모가 이혼하고 어렵게 대학을 마쳤으나 타고난 재능을 발휘하여 가수로 대성하였다. 1999년 강변 가요제 대상을 받았고 2004년 '어머나'로 대히트를 기록해서 그 이후로는 계속 트로트 가수로 성공하여 행사의 여왕으로 불리고 수백억을 벌었다.

기미일간이 신강한데 화기는 충분하므로 광석인 재능을 개발하여 부를 이루는데 초점을 두어야 하므로 년지 신중 임수를 용신으로 보고 상관인 금이 희신이 된다. 즉 금수운에 대박을 티트릴 수 있다는 것이다. 초년의 정축, 병운은 어려웠지만 지지가 자, 해, 술, 유, 신의 수, 금으로 대운이 흐르므로 상관생재하여 가수로 큰 성공을 거두었다.

24대운 초의 을(직장)운은 을경합금으로 유명 가수의 운으로 변화하였고 34대운 초의 갑의 관성운도 갑기합으로 일간이 묶어버리니 2013년 도경완과 결혼하게 되었다.

술운은 토생금도 하지만 미술형살이라 어머니와 남동생이 많은 돈을 써 버렸을 것이다. 44세 계유대운과 54세 임신대운은 금수운이라 잘 풀릴 것이다.
대운이 순탄하게 유지되므로 인기를 오래 유지할 것이다.

설리

(1994. 3. 29.~2019. 10. 14.)

우울증을 겪다 25세에 생을 달리함

시 일 월 년	[대운]	58	48	38	28	18	8
계 갑 정 갑		신	임	계	갑	을	병
유 인 묘 술		유	술	해	자	축	인

시간에 상관 없이 신강에 갑인일주이다. 여자 갑인은 고란살에 해당되어
독수공방하게 되는 좋지 않은 살이다. 묘월 제철을 만난 갑인이니 키가 크고
상관생재형의 사주이다. 어릴 때 8세~17세 사이는 병인대운이라 자신에게는
좋은 시절이었다. 7살 때 부모가 이혼하고 설리의 모친이 재혼하여 17살 차
이 남동생을 낳았다.

을대운은 평상운이나 축대운은 축술형살로 우울증을 겪을 시기 중인 25세
에 생을 마감하였다. 사망일을 보더라도 갑기합에 갑이 두 개나 더해지니 엄
청난 스트레스를 이기지 못한 것으로 보인다. 목다 사주이기 때문에 화운이
나 금운이면 무난히 넘어갈 수 있었을 것이다. 다음 시기의 대운을 보더라도

수목의 흉운이 기다리고 있으니 희망이 안 보여서 안다깝게 젊은 나이에 요절하였다.

갑목이 튼는해 보이나 목생화 되버리니 화기에 종해야 살 수 있는데 목이 뿌리를 내리고자 하는 순간 죽게 된다.

이병헌

(1970. 7. 12.~)

KBS 공채로 데뷔한 한국 영화계를 대표하는 배우

시 일 월 년	[대운]	60	50	40	30	20	10
을 계 계 경			경	기	무	정	병	을
묘 사 미 술			인	축	자	해	술	유

계수가 미월에 태어나 실령하고 신약하니 금수운이 길하다. 원국에서 년월이 반안에 해당하고 일시지의 '사묘'가 천을귀인이니 최고의 신살을 지녀 탄탄대로가 보장된다. 화운은 금을 억제하니 20대는 불리하고 30대 후반 해대운은 사해 충하여 화기를 약화시키니 좋은 운이다. 2013년 정대운 말 계사년에 정계충으로 불리한 수극화시켜 일간을 강화시키니 이민정과 결혼하였다. 40대 무자대운은 무계합으로 되니 영화배우로서 절정기를 맞고 50대에도 기축대운으로 토생금되니 좋은 운세라 하겠다. 무계합이 화로 변하여야 하나 수기에 뿌리를 내리고 있으므로 수에 가깝게 변한다.

올리비아 뉴튼 존

(1948. 9. 26.~2022. 8. 8.)

유방암으로 사망한 영미권의 가수

시 일 월 년	[대운]	77	67	57	47	37	27	17	7
정 갑 신 무		계	갑	을	병	정	무	기	경
묘 인 유 자		축	인	묘	진	사	오	미	신

남편이 둘 있었고 딸이 한 명이므로 정묘시로 추정한다.

가을철에 다 자란 나무이므로 동량지목으로도 쓸 수 있는 상격이 가능한데 천간에 경금이 아니고, 여자이므로 상관 생재가 어울리는데 일지에 역마가 작용하므로 세계적인 가수로 대성한다. 1966년 영국에서 첫 싱글을 낸 뒤 1970년대 컨트리 음악으로 미국에서도 인기를 얻기 시작했고, 1978년 그리스에 출연하여 유명 여자배우로서의 입지 역시 다졌다. 1981년에는 'Physical'이라는 싱글을 내서 빌보드 핫 100 1위 기록을 경신한다. 이 노래가 빌보드 핫 100 역사상 두 번째로 10주 연속 1위한 곡이며 이 노래 이후 10여 년 동안 10주 이상 1위 한 노래가 없었다.

전성기 때부터 유방암으로 투병하다가 2022년 사망했다. 원국의 무토가 유방을 상징할 수 있는데 목과 금이 강하여 목극토 당하고 토생금으로 설기 당하니 문제의 소지가 있다. 자수가 약간 완화 작용을 해주면 문제가 안 생길 수도 있었는데 대운은 화, 목운으로 흘러 무토가 건조해지므로 1992년 유방에 암이 발생했다. 병진대운은 수기가 힘을 얻어 회복 가능성도 보였으나 후반부로 가면서 자묘형살, 유인원진으로 유방 쪽이 계속 악화된다.

지지에 토를 뿌리내리지 못하고 극설당하기만 하므로 유방에 암이 걸렸다.

아이유

(1993. 5. 16.~)

2010년대 최고 인기 여가수

시 일 월 년	[대운]	68	58	48	38	28	18	8
갑 정 정 계		갑	계	임	신	경	기	무
진 유 사 유		자	해	술	유	신	미	오

초년 대운이 무오, 기미로 상관, 식신운이라 어린 나이에도 불구하고 잘 다듬어진 목소리를 이용하여 가수의 길을 성공적으로 걷는다. 정화일주가 여름철에 출생하여 득령하였으니 식상생재가 잘 되어 만능 연예인의 재주를 지녔다.

정화가 정이 많고 따뜻하니 선행을 잘하고 대중들에게 인기 만점이다. 일지에 재물을 깔고 있으니 번 돈을 낭비하지 않고 계속 늘려간다. 년지와 일지에 최고의 길신인 천을귀인이 도와주니 인생길에 막힘이 없다.

12신살을 보면 천살, 장성살, 지살, 장성살에 해당되어 중년까지는 왕성한 활동을 전개하나 말년에는 자식 문제로 종교에 귀의할 가능성이 있다. 대운이 토금수로 흐르니 길한 방향으로 진행되어 모든 일에 장애가 없이 순탄하게 풀려나가겠다.

진유합, 사유합으로 금기가 유도되니 중화된 명으로 판단되는 좋은 구조이다.

전지현

(1981. 10. 30.~)

인기드라마의 주연배우로 활약

시 일 월 년	[대운]	64	54	44	34	24	14	4
임 신 무 신		을	갑	계	임	신	경	기
진 사 술 유		사	진	묘	인	축	자	해

1남 1녀 중 첫째로 2012년 결혼해서 아들 2명 있다. 2013년 TV 드라마 〈별에서 온 그대〉의 천송이 역으로 큰 인기를 얻었고 배우뿐만 아니라 CF 광고 모델로도 크게 성공했다. 데뷔 초기 2001년 〈엽기적인 그녀〉로 이미 톱 스타의 위치에 올랐고 영화 〈도둑들〉, 〈암살〉로 천만 관객을 동원하였다

신사일주가 신왕하니 금, 수, 목운이 좋은 운이다. 대운의 흐름과 일치하니 오랫동안 인기를 유지할 것이다. 식신 임의 천을 귀인이 지지에 있으니 연예계 여러 분야에서 최고의 스타로 자리잡았다. 해자축인묘진의 대운이 희, 용신운이 되니 출연한 드라마, 영화마다 대히트를 쳤다.

엄앵란

(1936. 3. 20.)

예술인 집안에서 태어난 배우로 1960년대를 대표함

시 일 월 년	[대운]	85	75	65	55	45	35	25	15	5
경 임 신 병		임	계	갑	을	병	정	무	기	경
자 인 묘 자		오	미	신	유	술	해	자	축	인

득령은 못했지만 병신합수가 되어 주변이 모두 수의 세력이니 수목 두 오행으로 구성되어 목으로 설기하는 구조가 된다. 따라서 수목운이 길한 중에 천간 토운은 토생금, 금생수하니 나쁘지 않고 지지로 토운이 오더라도 진술축미 모두 원국 지지와 합이 되어 길하게 변한다. 가장 중요한 월지가 상관격을 형성해서 연기자로서 최고의 명성과 부를 누리겠다.

배우로서 전성기 시절에는 전국에서 개인 소득세 1위를 했다고 한다.

전반적으로 대운이 좋으므로 인기와 건강을 꾸준히 유지하겠다.

윤정희

(1944. 7. 30.~2023. 1. 19.)

영화계에서 화려하게 꽃을 피움

시 일 년 월	[대운]	78	68	58	48	38	28	18	8
정 을 신 갑		계	갑	을	병	정	무	기	경
해 미 미 신		해	자	축	인	묘	진	사	오

을목이 수기가 지지에 스며들어 있고 뿌리도 튼튼하니 더 크고 아름답게 자라도록 화토를 사용한다. 화는 천간으로 오는 것이 좋겠다. 천간의 무, 정, 병 대운이 대길하고 28세부터 37세까지 무진대운에 영화배우로서 대성했다. 일간의 천을귀인인 신이 년지에 있고 식신 정의 천을귀인이 시지에 있어 큰 도움이 된다. 기사대운중에는 사신합, 사해충으로 병동이 심하니 여러 대학을 옮겨 다니면서 발전하였다. 목운은 목생화가 가능하니 평운이나 수운은 가장 좋지 않다. 따라서 78세 계해대운 초, 2023년 임인년 말에 세상을 떠났다.

신강한 사람은 방조받는 운이 블길하다.

방실이

(1959. 10. 29.~2024. 2. 20.)

뇌경색으로 사망한 인기가수

시 일 월 년	[대운]	64	54	44	34	24	14	4

신 갑 갑 기	신 경 기 무 정 병 을
미 신 술 해	사 진 묘 인 축 자 해

1982년 임술 계해 갑자 을축 년간 가수 활동을 하다 1986년 병인년에 병신 합수가 되니 서울 시스터스의 '첫차'로 히트를 했고 1990년 솔로로 전향 후에도 '서울탱고', '뭐야 뭐야', '아! 사루비아' 등을 히트시켰다. 1994 갑술년에 결혼해서 자녀 둘을 낳았고 2007년 정해년을 맞아 뇌경색으로 투병하다 2024년 2월에 사망하였다.

갑목일간이 천간에서 갑기합토되고 지지도 토금세력이 강한 중에 년지 해만 생조해주니 신약으로 수목운에는 잘 풀릴 수가 있으나 경진, 신사대운은 이겨내기가 어렵다. 2007년 묘대운 정해년에 묘술합화로 갑목이 극히 쇠해져서 뇌에 문제가 발생하더니 신대운중 갑진년이 시작되자 목화 기운이 쇠약한 중에 금극목으로 머리에 혈류의 공급이 막히니 생을 마감한 것이다.

수생목, 목생화가 잘 이루어져야 혈액 순환이 원활하다.

유명인

요한 바오로 2세

(1920. 5. 18.~2005. 4. 2.)

동유럽출신의 로마교황

시 일 월 년	[대운]	87	77	67	57	47	37	27	17 ·	7
기 병 신 경		경	기	무	정	병	을	갑	계	임
해 자 사 신		인	축	자	해	술	유	신	미	오

병신합화수 진화로 대귀할 사주이다. 폴란드 출신으로 1978년 10월 22일 로마 교황에 즉위하였다.

목화 기운이 부족하고 금수 기운이 강한 결과 질병은 있었으나 강골로 축구선수를 할 만큼 운동에 만능이었다. 수석으로 신학대학을 졸업했으며 여러 권의 신학 서적을 저술하였다. 동유럽과 공산주의 체제의 붕괴에 결정적 역할을 하였으며 국외 순방을 많이 다녔고 인기가 많았던 교황이었다.

1981년 5월 13일 정대운 신유년에 성 베드로 광장에서 메흐메트 알리 아으자가 제264대 교황인 요한 바오로 2세를 암살하려다가 미수에 그친 사건이 있었다. 정대운은 일간이 힘을 받아 합화가 잘 되지 않고 병신쟁합이 일어나고 사해충을 하니 암살 미수 사건이 발생하였다. 1989년 기사년에 한국을 방문하기도 하였다.

2005년 4월2일 경대운 을유년 기묘년 병진일에 병경충하고 병화일간이 생조받아 병신합이 깨지니 약한 심장이 원인이 되어 만성 심부전 및 패혈성 쇼

크로 사망하였다.

　사화가 있기는 하나 사신합수되어 불이 꺼질려고 하니 반성 심부전을 앓다가 생을 다하였다.

김수환

(1922. 7. 2.~2009. 2. 16.)

한국의 최초 추기경으로 사회운동을 활발히 전개함

시 일 월 년	[대운]	83	73	63	53	43	33	23	13	3
무 신 병 임		을	갑	계	임	신	경	기	무	정
자 미 오 술		묘	인	축	자	해	술	유	신	미

　신금일주가 오술미합으로 화의 세력이 너무 강하니 극신약하다. 믿을 건 시간 무토이나 어머니가 독실한 카톨릭 신자이고 년지 술토가 화개 공망이라 승도(성직자)의 길을 걷는다. 토금운이 좋고 수운은 용신은 아니나 강한 불을 약화시킬 수 있으니 수운도 무난하다. 일지 미토는 반안이라 1969년 48세에 최연소 추기경이 되어 사회 운동가로도 활약하였다. 일지 미중 을목이 부친이기도 하기에 화기에서 살아남기 어려워 일찍 세상을 떠났고 처의 묘지이고 자미원진이라 젊은 시절 여자를 선택하지 않고 천주교 사제의 길을 밟아 나갔다. 2009년 을대운 말 기축년에 을기극하고 일지를 축미충해서 미약한 신

금으로 인한 폐렴이 원인이 되어 사망하게 되었다.

　여자와 인연이 박하니 가정을 이루지 않고 종교계로 입문한 것은 잘한 일이다.

유흥식

(1951. 11. 17.~)

로마 교황청장관을 거쳐 추기경으로 서임됨

시 일 월 년	[대운]	80	70	60	50	40	30	20	10
경 경 병 기		무	기	경	신	임	계	갑	을
진 자 자 축		진	사	오	미	신	유	술	해

　경금 자월생이고 실령하였으므로 신약하니 토금이 필요하고 조후를 고려하면 목화가 절실하다. 지지가 너무 한랭하고 천간에 병화가 보이므로 목화를 쓸수도 있겠으나 병화가 고립되어 있고 지지에 수기가 너무 왕하므로 그냥 수의 세력에 종하는 편이 낫겠다. 그런데 경금의 재성인 목기가 아버지와 처가 되는데 진속에 을목이 암장되어 있기는 하나 자진합수가 되어 을목이 물에 휩쓸려 사라지니 아버지를 일찍 잃고 처와의 인연도 없다. 한편 경금의 천을 귀인이 년지 축에 있으므로 가톨릭 교회의 도움을 받게 되었다. 성직자 유흥식의 전체적인 운을 풀어보자면 금수운에 형통하여 30, 40대는 간지로

대길하고 5, 60대는 천간으로 길, 70, 80대는 토운으로 토생금이면 길하고 토극수하면 흉이다. 그런데 토기가 천간으로 들어오고 지지고 빈힙, 남합이 되므로 길하 우이 되어 2021년에는 기대운 신축년, 2022년 임인년으로 토생금, 금생수되어 대길로 화하니 교황청 장관을 거쳐 추기경으로 임명되었다.

수다목부라 부인이 생기기 어려우므로 독신 생활을 하는 성직자의 길을 잘 선택했다.

조용기

(1936. 2. 14.~2021. 9. 14.)
한국의 최대 단일교회인 순복음교회의 당회장

시 일 월 년	[대운]	88	78	68	58	48	38	28	18	8
정 병 경 병		기	무	정	병	을	갑	계	임	신
유 인 인 자		해	술	유	신	미	오	사	진	묘

병인일로 득령하여 신강하므로 금을 용신으로 취하고 토가 희신, 수는 천간에서 길하고 지지에서는 소흉하다. 초년운은 금수대운이라 무난했고 계사운은 사유합금이라 길운이었으며 갑오대운에 갑경충, 자오충으로 어려움을 극복하면서 성장하는 시기였다고 보인다. 이후 을미, 병신, 정유대운은 지지가 대길운이라 천간의 소흉을 덮고도 남음이 있어 교세를 크게 확장할 수 있

었다. 병인 효신이라 친모와의 관계는 좋지 않으나 기억력이 좋고 달변이다. 월지와 일지에 역마가 2개라 외국 출입을 자주 하여 영어, 일어에 능통했다. 또한 병일간의 귀인이 시지 유에 임해 처가의 도움을 크게 받을 수 있었다. 인월 인일은 고신살에 해당하여 종교계의 목사로 직업을 삼았고 30세 계대운 을사년에 을경합금이 되니 결혼하였다.

만 85세는 술대운 초 신축년이라 인술합이 되고 천간에서 병신합이 되고 자축합토로 수기가 고갈되니 혈액 순환에 장애가 발생, 뇌출혈로 사망에 이르렀다.

두 개인 편인성이 있어 영어, 일어에 능통하고 상관이 투간하여 설교를 유창하게 잘했다.

문선명

(1920. 2. 25.~2012. 9. 3.)
기독교 계열인 통일교의 창시자

시 일 월 년	[대운]	84	74	64	54	44	34	24	14	4
병 계 무 경		정	병	을	갑	계	임	신	경	기
진 축 인 신		해	술	유	신	미	오	사	진	묘

계축일간이 신강하여 화를 용신으로 취한다. 40세까지는 지지에서 목화대

운이고 이후는 천간에서 목화운이라 전체적으로는 크게 성장하는 가운데 파란만장한 과정을 겪는다. 관성이 강하고 월지가 상관인데 둔이 임힙하는 형세라 신앙을 설파히는 교주로 통일교라는 강력한 조직을 만들었다. 축중 신금과 인중 병화가 합수하니 종교 교리로 여자를 취하나 전처는 오래가지 못했고 오대운에 후처를 만나 생을 함께하였다. 년주 경신의 인성 작용으로 성경 교리를 많이 배웠고 상관의 강력함으로 자기 나름의 새로운 교리를 정립하였다.

사주 원국 구성이 좋아 월지 금여, 월에 역마, 일에 반안, 시에 화개살이 작용하니 종교계에서 출세하고 세계 각국을 다니면서 포교하여 신자를 대규모로 모집하는 데 성공하였다.

2012년 해대운 임진년 93세에 인해합목으로 목이 강화되고 금기운은 설기되니 인신충 작용이 살아나 폐렴으로 사망하였다.

인성의 세력이 아주 강하여 새로운 종교 교리를 만들었다.

전광훈

(1954. 5. 8.~)

교회 목사로 자유주의 극우 세력

시 일 월 년	[대운]	80	70	60	50	40	30	20	10
정 갑 기 갑		정	병	을	갑	계	임	신	경

| 묘 자 사 오 | | 축 자 해 술 유 신 미 오 |

갑목 일간이 여름철 태생이라 신약이면서 수기를 필요로 한다. 신약이지만 양인에 자묘형을 갖추고 있으니 강성 이미지고 독설을 자주 하는 편이다. 월지 식신공망이라 부모 덕이 없고 정신계에 관심이 많아 종교 방면에서 달변가가 되는 경우가 생긴다. 대운을 보면 20대 전반까지는 어려운 가정 환경에서 성장했으며 이후 수목운을 맞아 종교인으로 사회활동을 전개해 나갔다. 지지로 관인상생이 되면 좋은 운이 되고 2024년 현재 71세이므로 병자대운에 속해서 천간 5년은 불리하고 후반 지지 5년은 유리하다. 그러나 원국에 대입해 보면 자오충으로 오히려 화기를 강화시키니 길변위흉이 되어 76세 이후로는 생명이 위태로워 보인다.

시주가 상관에 양인을 겸하고 있으니 설교나 연설 중 독설로 유명하다.

성철

(1912. 4. 6.~1993. 11. 4.)

한국 선불교의 거두로 조계종의 종정 역임

시 일 월 년	[대운]	81	71	61	51	41	31	21	11
무 임 갑 임		임	신	경	기	무	정	병	을
신 자 진 자		자	해	술	유	신	미	오	사

1931년(20세, 辛未) 대원사에 드나들며 불교에 빠질 것을 염려한 집안에서 결혼을 서둘러 11월 이덕명(1909~1982)과 혼인신고를 하였다. 1936년(25세, 丙子)에 정진을 계속하다 범어사 조실 하동산(河東山, 1890~1965) 스님을 은사로 해인사에서 사미계를 받고 출가하였다. 이후 불교의 지혜를 깊이 연구하여 한국 불교계의 가장 영향력 있는 큰 스님이 되어 조계종의 1981년에서 1993년 입적할 때까지 종정을 역임하였다. 성철의 사주는 임수일간에 지지가 신자진 수국이므로 무토로 제압하기는 힘드니 수에 종하여야 하는 구조이다. 원국에 화기가 없으니 초년 을사, 병오, 정미운과 같이 화운이 들어온다면 심장에 이상이 와서 건강이 심히 쇠하여 문제가 된다. 성철은 결혼으로 딸 2명을 낳아 1명은 단명하고 1명을 속세에 남겨두고 허약한 몸 때문에 불교에 인연이 닿아 승려의 길을 걷게 되었다. 30대 이후 지지대운이 금수운일 때 절에서 수도를 열심히 하여 조계종의 고승이 되었고 종정으로까지 추대되었다. 그러다가 80세를 넘으니 노화가 오면서 왕한 수 기운으로 인해 심장에 질환이 크게 발생하여 세상을 뜨게 되었다. 아무리 종교 철학에 통달한 고승이라도 타고난 원국은 바꿀 수가 없기 때문에 죽을 때가 되면 자연의 이치대로 세상을 떠나는 것이지 생명을 연장시키거나 죽음을 피할 수는 없는 것이다. 석가모니도 그러했듯이 스님들 중에 자식을 낳고 출가한 경우가 종종 있다.

(1954. 4. 23.~2023. 11. 29.)

스스로 몸을 불태운 소신공양을 실천한 스님

시 일 월 년	[대운]	65	55	45	35	25	15	5
을 기 무 갑		을	갑	계	임	신	경	기
축 유 진 오		해	술	유	신	미	오	사

불교계에서 조계종 총무원장을 역임하였다. 무진월은 괴강, 백호살, 과숙 공망, 월살에 해당하여 생활고로 출가하여 승려의 길을 걸었고 2023년 계묘 년은 월간에서 무계합화하고 일지 묘유충이고 축, 오는 탕화살이라 자신을 불살라 생명을 끊었다.

토가 과다하여 목극토가 필요하므로 천간의 수목운이 길하다고 하겠다. 따라서 갑술, 을 대운에 불교 조계종의 최고 행정직을 두루 맡았다. 해대운은 해오암합이라 목생화로 불길하다. 태어난 월주가 집안 내력으로서 중요한데 흉살이 겹쳐 있으니 출가하였고 생의 마지막도 극단적 선택을 하였다.

강금실

(1957. 2. 12. ~)

법무부 장관까지 역임한 여성판사

시 일 월 년	[대운]	68	58	48	38	28	18	8
기 갑 계 정		경	기	무	정	병	을	갑
사 신 묘 유		술	유	신	미	오	사	진

천간에 갑기합, 정계충, 지지에 사신합형, 묘유충으로 파란만장한 일생이 예상된다. 그러나 갑목일간이 사신합수로 생조받고 묘에 뿌리를 내리고 있으니 신왕하여 사법계로 진출하여 권력과 밀착된 관계를 유지한다. 갑목이 묘월에 수기가 왕성하니 물을 가둘 수 있는 토가 필요하고 화 기운으로 수기를 억제하면 금상첨화이다. 대운을 보면 3대운부터 화토가 세력을 주도하니 사법시험을 통해 판사 생활을 하다가 미대운에 법무부 장관이라는 고위직에 올랐다. 이후 대운도 금운은 기신이나 무, 기, 술운은 길운이니 더 이상의 상승은 안되지만 비교적 평탄한 과정으로 정치권 주변에서 활동하고 있다.

월지 제왕지이고 사신형살을 겸하니 법조인의 길을 걸었다.

한덕수

(1949. 6. 18. ~)

진보와 보수 양 정부에서 총리직을 수행

시 일 월 년	[대운]	75	65	55	45	35	25	15	5
을 기 경 기		임	계	갑	을	병	정	무	기
축 묘 오 축		술	해	자	축	인	묘	진	사

기토일간이 득령을 했고 토기도 강하니 신강하여 시간 을목을 용신으로 하

니 수운은 희신이 된다. 대운을 살펴보면 초반은 인묘진 목운이고 후반은 해자축 수운이니 관직에 진출해서 막힘이 없이 탄탄대로로 경제부 총리를 역임했고 노무현 정부와 윤석열 정부 2기에 걸쳐 국무총리를 지냈다. 평지 두 군데에서 여름철에 나무를 키우는데 잘 다듬어진 가위도 있고 토양과 수분도 적절하니 금상첨화격으로 큰 인물로 성장했다. 월지가 건록격이니 공직으로 출세할 운명적인 사주이다.

2024년은 임대운에 갑진년이라 갑기합토되어 일간이 힘을 지나치게 얻으니 불행한 사건이 발생하게 된다.

김민기

(1951. 3. 31.~2024. 7. 21.)

군사독재 정권시절 저항음악가

시	일	월	년	[대운]	69	59	49	39	29	19	9
무	경	신	신		갑	을	병	정	무	기	경
인	오	묘	묘		신	유	술	해	자	축	인

경금일간이 묘월에 태어나 실령하였고 천간에만 인성과 겁재가 있으니 신약하여 토금을 필요로 한다. 원국의 구조가 금과 목 위주라 필연적으로 토기가 관장하는 위에 큰 이상이 발생할 운명이다.

74세 갑대운 갑진년 신미월 병술일에 사망하였는데 월과 일이 병신합수되고 다시 수생목하는 운이라 겸금의 설기가 극심하고 69세 기해년부터 목극토로 토 기가 쇠약해지니 위암으로 사망하게 되었다. 좋았던 시기는 토생금되는 20대 기축대운과 30대 전반 무대운, 40대 전반 정대운이었고 60대 을유대운은 목기가 왕성해지고 묘유충으로 금기가 타격을 받으니 몸이 점점 쇠약해졌다. 1991년은 41세 정대운 신미년으로 금기가 강해지니 힘을 받아 대학로에서 학전소극장을 세워 운영하기 시작하였고 많은 유명 배우와 가수의 활동무대가 되어왔으나 올 초 경영난과 암 투병이 겹치면서 폐관하게 되었다. 다수의 금을 지지의 화기로 잘 제련하는 형상이니 작사, 작곡 방면에서 뛰어났으나 목다화식되고 목극토 당하니 위암에 걸려 사망했다.

재주가 뛰어난 만큼 그 대가로 건강에 이상이 올 수 있다.

스티븐 스필버그

(1946. 12. 18. ~)

블록버스터를 많이 연출한 미국의 영화감독

시 일 월 년	[대운]	77	67	57	47	37	27	17	7
무 경 경 병		무	정	병	을	갑	계	임	신
술 인 자 술		신	미	오	사	진	묘	인	축

병화일주가 실령해서 신약하고 추운 자월 출생이라 화를 용신으로 하고 목이 희신이 된다. 초년 신축대운에 신금이 병화 둘에 묶이고 축토는 술과 형을 하니 술이 원래 공망인데 해공이 되어 흉변위길이 된다. 그래서 만 13살의 어린 시절부터 영화를 만들었고 만 17살에는 극장에서 개봉하여 돈을 벌었다. 그때는 임대운이라 실패할 것 같으나 병임충으로 병화가 지지에 뿌리가 강하므로 오히려 화를 키워준 것이다. 이후 대운을 보면 간지로 모두 목화운의 연속이니 영화감독으로서 상업적으로 크게 성공하여 블록버스터라는 말을 유행시켰다. 또한 〈쉰들러 리스트〉로 아카데미상을 8개 부문에서 수상하였고 수익은 전부 기부했다. 이것은 시지 식상 무술의 괴강 성격이 드러난 것으로 보인다. 원국의 천간을 보면 알 수 있듯이 자신과 동료의 뜨거운 불같은 성향을 이용하여 무대와 연기자들을 조련하고 연출하여 뛰어난 작품을 만들어내는 형상이다. 영화감독으로 뛰어난 이 인물은 소년기부터 남다른 재능을 발휘해 영화를 제작했다.

김용호

(1976. 9. 11.~2023. 10. 12.)

갑자기 스스로 목숨을 끊은 기자 출신 유튜버

시 일 월 년	[대운]	50	40	30	20	10
무 병 정 병		임	신	경	기	무

전직 기사이고 유튜버로 활동했던 김용호란 인물이 그렇게 유명인은 아니었지만 스스로 목숨을 끊어 인해서 전국적으로 유명해졌다. 병화일간이 일지에만 득지하고있어 신약한 사주인데 해자대운은 인해합되고 자축합되어 그런대로 직업 활동을 유지해 나갔다. 시지 술토가 천간의 강한 화기에 동조된다면 신강으로도 변할 수 있으나 공망에 해당하니 일간에 아무런 도움이 되지 못한다. 그런데 신축대운에 들어서자 용신에 해당하는 병화를 묶어 기반시키고 식상무토의 세력이 왕해지면서 축술형살을 대동하니 감당하지 못하고 세상을 떠나는 극단적 결정을 하고 말았다. 신강한 일간에서는 상관이 길신이 될 수 있지만 신약한 상태에서 힘이 지나치게 설기당하고 각종 위법행위로 기소되니 삶의 의지가 사라지고 만 것이다. 가로세로 연구소의 3인 체제는 원국의 구조와 딱 맞는 형상이었는데 그중 한 명과 사이가 벌어지게 된 것부터 불행의 시작이었고 2023년은 계묘년이라 천간에서 정계충으로 흔들리고 지지에서 묘유충으로 희신 목이 극상당하니 최악의 심리 상태가 된 것으로 보인다.

신약한 중에 대운 불리로 자신에게 닥친 형살을 감당해내지 못했다.

인요한

(1959. 12. 8.~)

비례대표의원으로 당의 혁신위원장을 맡은 의사

시 일 월 년	[대운]	71	61	51	41	31	21	11	1
신 갑 병 기		무	기	경	신	임	계	갑	을
미 자 자 해		진	사	오	미	신	유	술	해

대한민국의 의료인, 정치인. 현재 연세대학교 의과대학 세브란스병원 가정의학교실 교수 겸 국제진료센터 소장이다.

원국의 천간에서 병신 합수되니 조후로 화를 용신으로 쓰지 못하고 왕한 수기에 종해야 하는 구조이다. 그래서 금, 수, 목운이 길운이 되고 화토운은 불리한 운이다. 30대까지는 운이 굉장히 잘 풀렸고 40대부터는 평이한 삶을 유지해 오고 있다고 판단된다. 신미대운은 병신합, 해미합으로 수목운에 가깝고, 경오대운은 병경충, 해오암합으로 화기가 꺼지면서 금극목되니 약간의 가정 문제(이혼)가 있었다고 여겨진다. 현재는 기사대운으로 갑기합으로 묶이고 자사암합이 되니 대운상 크게 불리하지도 유리하지도 않다. 그런데 2024년은 갑진년이니 갑이 통근하여 대길하므로 국민의 힘 혁신 위원장과 비례대표 국회의원에 당선되는 행운을 누렸다. 대운은 평범했으나 그해의 운세가 좋아 명예가 크게 상승하였다.

봉준호

(1967. 9. 14.~)

국제영화제에서 대상을 수상한 영화감독

시 일 월 년	[대운]	63	55	43	33	23	13	3
경 임 계 기		병	정	무	기	경	신	임
미 진 유 유		인	묘	진	사	오	미	신

집안이 영화, 미술과 관련된 덕을 타고나서 득령하였기 때문에 신강한 사주이다. 화토의 재관이 유리한 사주 구조라 영화감독으로서 큰 성공을 거두는데 임진일주는 괴강이라 배우들을 잘 관리할 수 있는 성향을 가졌다. 목화토운이 출세하고 성공 가능한 시기인데 대운을 살펴보면 20대 후반부터 천간지지가 화토로 연속되어 대박을 터트릴 수 있는 기세이다. 23세부터 간지로 화토운이 강해져서 2006년 무계합화, 화생토되니 대길운을 맞아 괴물로 천만 관객을 돌파했고 2019년 무진대운 51세 기해년에는 진유합으로 금을 묶어버리고 토극수, 해미합, 목생화가 되니 〈기생충〉으로 칸 영화제의 대상을 수상하여 세계적인 명성을 얻고 상업적으로도 성공했다.

괴강일주로 일간이 정재와 합을 하니 상업성과 작품성을 모두 갖춘 영화들을 만들어냈다.

리차드 파인만

(1918. 5. 11.~1988. 2. 15.)

양자전기역학을 완성한 서구의 이론물리학자

시 일 월 년	[대운]	70	60	50	40	30	20	10
계 무 정 무		갑	계	임	신	경	기	무
해 오 사 오		자	해	술	유	신	미	오

　원국의 화토가 왕성하므로 수를 용신으로 하면 금이 희신이 되며 인성이 월지를 장악하고 세력 또한 강하므로 학자의 길을 가게 되었다. 목운은 목생화, 화생토시켜 약화시켜야 할 토를 더욱 강화시키므로 아주 흉한 운이 된다. 무오, 기미대운은 토생금 가능하므로 큰 탈 없이 지나가고 이후 금수대운이라 물리학자로서 명성을 떨치게 된다. 처가 3명이고 자식이 3명인데 무계합으로 여자와의 관계가 쉽게 좋아지나 지지에서 해오암합이 되므로 정임합목으로 자식을 낳고 사이가 멀어져서 부인을 여러 명 두게 된 것으로 여겨진다. 70세 갑자대운은 천간으로 화토가 강해지고 지지로도 자오충으로 왕성한 화를 격발시켜 사망하게 되었다.

　을목 정관운에 목극토해서 노벨상을 수상하는 영예를 얻었다.

스티븐 호킹

(1942. 1. 8.~2018. 3. 14.)

근육무력증을 앓은 서양의 천체물리학자

시 일 월 년	[대운]	71	61	51	41	31	21	11	1
을 신 신 신		계	갑	을	병	정	무	기	경
미 유 축 사		사	오	미	신	유	술	해	자

신금이 주변과 지지에 온통 금국으로 구성되어 있으니 금에 좋아야 하다. 그러므로 천간은 무기, 지지는 미신유술운이 길운이 될 수 있으나 신체상으로는 최악 상태가 된다. 태왕한 금기에 의해 시주의 을목이 깨지니 21세 무술 대운에 루게릭병에 걸려 평생 휠체어에서 말도 잘 못하는 생활을 하였다. 을목은 또한 처가 되는데 결혼도 오래가지 못하고 재혼하였으나 결국 이혼하고 말았다. 자녀는 미중 정화로 암장되어 있어 딸과는 좋은 관계가 유지되었다.

신금은 완성된 물질의 상태라 무신론자로 우주와 천체물리학자로서 블랙홀 등에 관한 물리 법칙을 깊이 연구하여 세계적 명성을 얻었다.

을목은 운동신경세포를 대표한다고 말할 수 있는데 이를 선택적으로 파괴하는 루게릭병에 걸렸지만 현대 의학의 힘으로 오랜기간 생존하면서 블랙홀 등을 연구했다.

김동길

(1928. 10. 2. ~ 2022. 10. 4.)

인생 후반부에 정계로 뛰어든 철학박사

시 일 월 년	[대운]	93	83	73	63	53	43	33	23	13	3
병 을 신 무		신	경	기	무	정	병	을	갑	계	임
술 해 유 진		미	오	사	진	묘	인	축	자	해	술

을 일간이 가을에 태어나 신약하므로 수목을 용하고 관인상생하는 구조이다. 초년부터 50대까지 수목운으로 연결되어 비교적 좋은 운세이다. 일지, 시지는 처와 자식의 상태를 나타내는 자리인데 술, 해가 공망이라 결혼을 하지 않았고 자식도 두지 않았다. 연세대 교수로 재직하면서 사회를 풍자하는 글을 많이 발표하거나 저술하였으며 1992년(65세) 무진대운 임신년에는 토생금, 금생수, 수생목되므로 국회의원에 당선되어 이후로 정치 활동을 활발히 전개하였다. 94세는 신대운으로 을신충하여 몸에 병이 침범하므로 이겨내지 못하고 사망하였다. 일지, 시지가 공망이라 처자식과 인연이 없었다.

다이애나 프랜시스 스펜서

(1961. 7. 1.~1997. 8. 31.)
교통사고로 사망한 비운의 영국 왕세자비

시 일 월 년	[대운]	43	33	23	13	3
기 을 갑 신		기	무	정	병	을
묘 미 오 축		해	술	유	신	미

21세 때인 1981.7.29. 찰스 왕세자와 결혼한 영국의 왕세자비로 2남을 두었고 교통사고로 사망하였다.

목다이므로 금으로 극할 필요성이 중요해서 용신으로 삼는다. 초년은 부모의 불화로 좋은 환경이 아니었으며 20세 무렵 신대운과 30세 무렵 유대운이 최고의 전성기였다. 사주의 구성상 년간의 신축이 위험 요소에 해당한다. 목화 기운이 강해서 신금이 위태로운데 축이 생조하면 좋아질 수 있으나 월지가 오화라 축의 수기가 마르므로 크게 도움이 되지 못한다.

1996년에 찰스 왕세자와 이혼하고 1997년에 사망했는데 이때는 무술대운 중 병자, 정축년에 해당하여 년간의 신금에게는 흉한 기운에 해당한다. 기토는 생금에 크게 도움이 되나 무술토는 신금을 묻는 작용을 하고 병, 정은 화극금으로 신금을 녹아나게 한다. 또한 대운지지와 세운지지가 암암리에 축술형을 하므로 애인과 함께 교통사고로 사망하게 되었다.

금기가 최고의 길신인데 화극금당하는 해에 이혼하고 다음해 형살을 당해 사고로 사망하였다.

변희수

(1998. 6. 11.~2021. 3. 3.)

남자에서 여자로 성전환하였으나 스스로 생을 마감한 군인

시 일 월 년	[대운]	29	19	9
갑 기 무 무		신	경	기
술 축 오 인		유	신	미

갑기화토에 온통 화토의 세력이라 화토로 종하는 구조이다. 축중 계수가 있으나 축술형살로 수기가 말라버렸다. 수기는 성에 민감한 오행인데 수기가 제거되니 남성으로서 정체성에 문제가 생기고 트렌스젠더 수술을 행하였다. 그러나 원국에 축, 인, 오 탕화살을 지니고 있으니 음독할 우려가 있고 경신 대운을 맞이하여 관에 해당하는 직업군인으로서 갑목 오행을 금극목으로 제거하니 군 생활을 더 이상 못 하게 되어 2021년 신축년에 다시 형살을 당하니 참지 못하고 스스로 삶을 마감했다. 화토로 종해야 희망이 보이는데 금수운과 형살을 동시에 만나니 견디지 못했다.

김건희

(1972. 9. 2.~)

한국 20대 대통령 윤석열의 부인

시 일 월 년	[대운]	80	70	60	50	40	30	20	10
갑 병 무 임		경	신	임	계	갑	을	병	정
오 신 신 자		자	축	인	묘	진	사	오	미

김건희 여사는 2024년 현재 한국 나이로 53세이다. 따라서 계묘대운 중 임인년인 2022년에 무계합거 되고 관인상생되어 대통령 부인이 되있나. 사주 원국을 보면 병일주에 학산 신약사주이고 구조상 병화의 역할은 나무를 키우는 것인데 물은 충분하므로 햇볕만 공급해 주면 된다. 그래서 목화를 필요로 하는 사주라 볼 것인데 대운을 보면 10대 초부터 60대 말까지 화, 목운으로 흘러서 그야말로 좋은 팔자라 하겠다. 지지에 재를 두 개 갖고 있어 재력이 풍부하고 2012년 3월11일 갑대운 임진년에 대운 희신이고 세운에 관운이 들어와서 관인상생하는 좋은 시기이니 윤석열 대검 중수1과장과 혼인했으나 아직 자녀는 없다. 갑진 대운초 임진년에 결혼을 한 것은 그때가 남편에 해당하는 관성 운이 강해진 세운이고 대운도 뒷받침을 했기 때문이다. 자식이 없는 이유는 월간의 무토가 자식에 해당하나 기신이고 주변에 수의 세력이 강해서 수다토류로 존재 가치가 없어져 버렸기 때문이다. 2025년 을사년은 목생화되니 표면적으로는 길하나 지지로 사신형살이 붙어 관재구설로 곤란한 상황이 되겠다.

원국에 재가 왕하니 운만 도와주면 거부가 될 수있고 편관 임수가 년간에 있어서 남편이 국가적으로 큰 인물인 것이다.

최순실

(1956. 7. 30.~)
박근혜 전대통령을 보좌하던 최태민 목사의 딸

시 일 월 년	[대운]	78	68	58	48	38	28	18	8
임 무 을 병		정	무	기	경	신	임	계	갑
자 술 미 신		해	자	축	인	묘	진	사	오

월지 미 금여, 귀인 득령으로 신강하니 목 용신으로 수목운 길, 화토운 흉하다. 비록 금여와 천을귀인의 작용으로 중년까지 부귀를 누릴 수는 있지만 을미 백호살에 일지와 미술형을 감안한다면 노년에 접어들 무렵에 법의 심판을 받을 것으로 예측된다. 1대운에 집안이 어려웠을 것으로 보이나 2대운에 들어서 무계합되고 사신합수되는 수운이라 아버지 최태민의 영향력으로 부유하게 되었을 것이다. 그러나 1979년 24세 사대운 기미년은 화토운세이고 미술형 중첩, 사신형살까지 발동하니 아버지와 친분이 깊던 박정희 대통령 사망하여 그해는 불운이었다. 그 후 임진, 신묘, 경대운을 지나온 시절은 수목운이 강하게 작용하니 대운이 좋아 순탄하게 지냈다.

2013.2~2017.3 박근혜의 제18대 대한민국 대통령 재임 동안 2013년 인대운 계사년, 2014 갑오년, 2015 을미년은 대운의 환경은 좋다고 볼 수 없지만 세운이 길하여 박근혜 대통령의 권세를 이용하여 국정에 개입하고 축재를 하였다. 2016 기대운 병신년(61세) 미술형 작용, 2017년 정유년 화운이라 불리하다. 2020 축대운 경자년 축술미 삼형살 작용하여 형량 20년이 확정되었다.

자기 아버지의 영향을 받아 부정축재에 가담하고 국정에 개입한 여성으로 사람은 부모를 가장 많이 닮는다는 것을 잘 보여준다.

성기영

(1969. 1. 19 ~)

라디오방송의 아나운서로 현재도 방송 진행 중임

시 일 월 년	[대운]	61	51	41	31	21	11	1
임 신 정 기		경	신	임	계	갑	을	병
진 사 묘 유		신	유	술	해	자	축	인

  KBS 아나운서로 KBS 제1라디오 〈성기영의 경제쇼〉 진행자이다. 신금일주가 묘월에 태어나 실령하여 신약이나 일지 사중 경금과 년지 유금에 득지하고 있고 묘유충으로 묘목이 힘을 잃으니 균형이 잡히는 사주이다. 시간에 임수가 투출해 있으므로 가상관격이 되고 수를 용신으로 하니 금수운이 길운이 된다. 대운을 보면 수금운으로 흐르니 좋은데 천간에 정임합목 작용도 일어나니 오행이 두루 부족함이 없어 순탄하게 방송계에서 30년 이상 몸담고 있다. 일지 사가 관성이고 정화로 투출해 있으니 남편도 힘이 있고 직장생활도 잘해 나갈 수 있다. 년과 월이 충을 맞아 오히려 사주 구조가 균형을 잡은 경우이다.

조희팔

(1957. 3. 15.~2011. 12. 19.)

한국 최대 사기 사건인 의료기 역렌탈 계약사기 사건의 범인

시 일 월 년	[대운]	54	44	34	24	14	4
갑 병 계 정		정	무	기	경	신	임
오 술 묘 유		유	술	해	자	축	인

병화일간이 묘월에 태어나 득령하고 화의 세력이 강하므로 신강하니 년지 유금을 용신으로 한다. 유는 일간의 천을귀인에도 해당하지만 묘유충을 맞아 용신이 위태로우니 얼마 동안은 덕을 보겠지만 나쁜 결과로 마감될 것이다. 본인 일주가 백호살이고 타 지지에 양인살과 재살, 반안살이 있어 큰 사고를 칠만한 구조이다. 초년 임인대운은 형편이 힘들어 10대부터 막노동으로 생계를 유지하다 20대에 접어들어 다단계 사업에 발을 들여 사업 명목으로 돈을 끌어모았다. 축, 경자, 기해, 무대운까지는 대운이 나쁘지 않아 그런대로 유지됐지만 2004년 갑신년부터는 세운이 흉해지므로 본격적인 사기 수법으로 천문학적인 투자금을 받아 술대운에 수익금을 줄 수 없게 되자 2008년 무자년에 돈을 챙겨 중국으로 도주했다. 이후 정대운은 기신운이므로 2011년 신묘년경에 사망했을 개연성이 크지만 원국에서 화기가 강하므로 심근경색이 사인이라는 주장은 믿을 수 없다. 일간이 병술 백호이므로 해외 도피 끝에 스스로 삶을 끊었을 거라고 추정된다.

권도형

(1991. 9. 6.~)

천문학적인 코인 사기를 벌인 청년사업가

시	일	월	년	[대운]	60	50	40	30	20	10
경	기	병	신		경	신	임	계	갑	을
오	묘	신	미		인	묘	진	사	오	미

기토 일간이 금기가 강하므로 화 기운으로 녹여 좋은 기물을 만들 수 있어 보인다. 그러나 년월의 병신이 합수되고 화기가 약하므로 관인상생하는 목화 운이 길하다. 토운은 토생금할 우려가 있어 반흉반길이다. 1, 2대운 을미, 갑 오운은 목화운이라 막힘없이 성장하는 기세이므로 미국에서 대학을 졸업하 고 회사를 창립하였고 2018년 오대운중 무술년에는 루나, 테라 코인을 발행 하여 엄청난 청년 사업가로 부각되었으나 2022년 대폭락을 하고 지금은 사 기 혐의로 재판을 기다리고 있는 처지다. 2022년은 계대운중 임인년으로 수 기가 중첩해서 발동하니 대흉한 해라 회사가 망할 수밖에 없었다. 앞으로의 운세는 대운천간이 수금운이고 지지로 목수운이 이어지므로 최장 기간 수감 생활하게 될 것이 명약관화하다. 지지 목운에 혹시 목생화, 화생토로 살아날 가능성이 있을까 해도 살펴보면 안 된다. 묘운은 묘미합이 되고 천간에 수기 가 흘러내리므로 목생화 불가능하고 인대운은 월지와 인신충되어 목이 파괴 되므로 길운이 못된다. 월지 신금이 금여이고 천을귀인이라 뒷배경이 좋으나 기신이고 공망에 해당하므로 대형 사기 사건에서 구해줄 수 없을 것이다.

좋은 신살도 기신이 되고 공망이 되면 모든 것이 물거품된다.

주수도

(1956. 11. 25.~)

다단계 사업으로 수조를 사기친 사업가

시 일 월 년	[대운]	74	64	54	44	34	24	14	4
정 정 경 병		무	정	병	을	갑	계	임	신
미 묘 자 신		신	미	오	사	진	묘	인	축

정화 일간이 자월에 태어나 실령하였으나 일시에서 생조를 받으므로 약변위강되어 금을 용신으로 취하고 토는 희신, 수는 천간에 오면 희신이 된다. 천간에 화오행이 세 개나 되어 강한 세력을 형성하므로 사업적 기반을 잘 다질 수 있다. 20대 인대운에 인신충으로 신자합이 깨지면서 금극목이 되므로 돈을 벌기 시작한다. 계대운까지는 잘 나가나 묘대운에 자묘형이 되므로 잘 풀리지 않는다. 40대 들어 진대운이 되므로 상관이 강력해져서 다단계 홍보로 고액 배당을 약속하며 투자자들을 모집하는 데 성공한다. 을대운에 을경합금이 되므로 엄청난 회원을 확보해서 2조원 대의 거금을 만들었으나 사대운에 사신형살이 작용해서 법원에서 사기 판결을 받고 복역 중이다. 병오, 정미 대운은 강한 화가 더욱 불타기 때문에 대흉이라 감옥에서 나오기 힘들다.

일월지가 자묘형이라 불법적인 사업을 벌이게 되었다.

신사동호랭이

(1983. 6. 3 ~ 2024. 2. 23.)

이름난 작곡가이나 갑자기 사망함

시 일 월 년	[대운]	50	40	30	20	10
경 임 정 계		임	계	갑	을	병
자 술 사 해		자	축	인	묘	진

　　계수일간이 수기가 왕성하므로 정화를 용신으로 하는데 정계충, 사해충이라 용신이 위태롭다. 30대까지 목화운은 잘 나갔으니 40세 계축대운에 수기가 과다하여 화기를 꺼 버리니 갑작스런 사망에 이르렀다. 비겁이 과다한 게 구조상 문제로 재성이 흩어지니 위기 상황을 돌파하지 못했다. 갑을 목운에 많은 히트곡을 작곡해서 음악계에 공헌한 업적이 크다. 임술이 괴강에 백호라 극단적 결정을 내린 것으로 보인다. 운에서 수극화를 심히 당하니 심장이 불안해져 세상과 이별한 것으로 보인다.

정명석

(1945. 3. 16. ~)

종교를 가장한 사이비 교주

시 일 월 년	[대운]	84	74	64	54	44	34	24	14	4
병 갑 기 을		경	신	임	계	갑	을	병	정	무
인 신 묘 유		오	미	신	유	술	해	자	축	인

갑일간이 득령을 하고 지지에서 세력은 있지만 충을 맞아 신약으로 본다. 초년 30세까지는 대운이 좋지 않아 어려움을 겪고 학력도 짧았다. 1974년 통일교에 입단한 후부터 대운이 도와줘서 따로 교회를 세우고 신도 수를 불려서 재력이 크게 성장하였다. 그가 성폭행범이 된 원인은 정재 기토가 일간과 겁재 사이에서 유정하게 붙어있는데 여신도에 해당하는 병화의 지지에서 일지와 인신충이 발생하는데 양인인 묘를 동원해 강제적으로 암합을 통해 해소시켜 자기 여자로 삼고자 하기 때문이다. 2009년 임신대운 기축년에 10년 형을 선고받았다. 병임충으로 임수가 제거되고 관살운이라 수감생활을 하게 되었다. 그 후 출소했으나 다시 피소되어 79세되는 2023 계묘년 1심에서 23년 형을 선고받고 2심으로 넘어간 상태이다. 2024년 지금부터 대운이 화토금 흉운으로 진행되니 최종 선고를 받으면 감옥에서 나오지 못할 것이 분명하다.

성폭행범으로 고소당해 징역형을 살다 나온 사람이다. 신도를 자신의 소유물이라 생각하면 안된다.

허경영

(1950. 1. 1.~)
세력이 상당한 과대망상형의 종교, 정치인

시 일 월 년	[대운]	79	69	59	49	39	29	19	9
임 병 병 기		무	기	경	신	임	계	갑	을
진 신 자 축		신	사	오	미	신	유	술	해

병화 일간이 신자진 수국인데 기토로 왕한 수의 세력을 막기는 역부족이므로 투출한 임수의 세력에 종하는 것이 맞겠다. 천간에 상관이 존재하나 수다토류로 그의 말은 허언에 불과하고 실천하기 어렵다. 대운을 보면 천간으로 중년기인 30, 40대에 간지로 금수운이 연이어 들어오는 대길운에 기반을 마련하고 이후는 천간으로 금운이 들어와 그 시기에 자기 힘을 펼쳐 보이려 했으나 지지에서 배반하니 결과는 항상 좋지 않았다.

현재 하늘궁의 교주이자 국가혁명당의 명예총재로 활동하고 있다. 자기를 따르는 종교 단체를 이끄는 수장으로서는 맞는 역할일지 모르나 현실 정치계에서 국민 다수의 지지를 받기는 무리이다.

병화 일간이 종격을 구성해 시대의 영웅을 꿈꾸겠으나 상관의 성분도 만만치 않아 문제적 인물이 되겠다.

이어령

(1933. 12. 29.~2022. 2. 26.)

문학계의 거목으로 장관을 역임함

시 일 월 년	[대운]	88	78	68	58	48	38	28	18	8
무 기 갑 계		을	병	정	무	기	경	신	임	계
진 사 자 유		묘	진	사	오	미	신	유	술	해

기토일간이 실령하였으나 일시에서 강력하게 받쳐 주니 신강한 사주이다. 자월의 겨울생이라 조후로는 불리하나 강한 일간의 힘을 소모하는 금수의 식재운에도 발전한다. 인생 전반은 자기의 문학적 재능을 사업적으로 발휘해서 성공하였고 후반은 목화운이라 조후에 유리하니 관직과 명예를 얻었다.

국문학자, 소설가, 문학평론가, 언론인, 교육자, 사회기관 단체인, 관료, 정치인. 노태우 정부의 초대 문화부 장관을 역임했으며, 소설가, 시인이자 수필에 희곡까지 써낸 작가 그리고 기호학자였다. 어느 정도 잘 사는 가정이었으나 대학에 들어갈 때쯤 6.25 전쟁으로 형편이 어려워졌고 서울대 문리대 국문과를 졸업하였으며 슬하에 2남 1녀를 두었다. 22세의 나이에 평론으로 문단에 데뷔. 1960 경자년 만 26세에 서울신문 논설위원으로 발탁되었다. 1973 계축년 41세에 잡지 '문학사상'과 출판사 문학사상사 설립하였다. 1982 임술년 〈축소지향의 일본인〉을 출간, 베스트셀러를 기록하였다. 무대운에 무계합되어 1990 경오년에 노태우 정부의 초대 문화부 장관으로 재직하였으며 2007 정해년에 편인운이 들자 기독교로 신앙을 가졌다.

2019 기해년에 사해충을 맞아 췌장암 투병하다 2022년 2월 26일을 묘대운 중 임인년 병인월에 병임충하고 목기가 극강해지니 토 기운이 심히 손상되어 사망하였다.

수다토류가 되니 토기인 췌장에 암이 생겨 사망하였다.

김지하

(1941. 2. 4.~2022. 5. 8.)

박정희 독재정권에 저항했던 시인

시 일 월 년	[대운]	81	71	61	51	41	31	21	11	1
무 계 기 경		무	정	병	을	갑	계	임	신	경
오 미 축 진		술	유	신	미	오	사	진	묘	인

계수일간이 축월에 태어나 토기가 왕성하여 극신약하니 조후를 따르기보다는 구조적으로 관성 토기에 종해야 한다. 그래서 화토운이 길운이고 대운을 보면 중반의 오미운과 60대 이후 천간의 병정무운에 잘 풀려나갈 수 있다. 1969년 기유년에 시인으로 문단에 데뷔하여 '오적' 등 유명한 저항시를 많이 남겼다. 진운은 진진형살이고 사운은 사축합금되니 화토운이라 하더라도 좋지 않고 일월의 지지가 축미충이라 사건에 많이 연루되었다. 김지하는 서울대 미대 미학과에 59학번으로 재학 중 4.19혁명, 5.16혁명, 6.3사태 등을 겪으면서 시국사범으로 옥살이를 했으며 1966년 졸업하였다. 1973년에는 작가 박경리의 딸과 결혼하였으며 1974년에는 민청학련 사건에 연루되어 사형 선고를 받고 수감생활을 하다 1975년에 석방되었다. 31세 계사대운중 1973 계

축년은 무계합화되니 길운으로 변해 혼인성사 되었고, 1974 갑인년은 토다목절되니 독재정권에 체포되어 죽을 고비를 겪게 되나 1975 을묘년은 을경합반되니 풀려나왔다. 1980년대에 40대가 된 후로 생명 사상을 수용하여 무난한 인생살이를 하다가 2008년 무자년 토운을 맞아 원광대 석좌 교수, 2013년 계사년에 무계합화되니 동국대 대학원 석좌 교수를 역임하였다. 2019 기해년에 수기가 강해지니 부인과 사별하였으며 2022년 5월 임인년 을사월에 금수기가 강해지니 세상을 떠났다.

토다사주라 목기가 들어오면 목이 부러지고 수기가 들어오면 물이 흩어져 생명이 위험해진다.

한 강

(1970. 11. 27.~)

현시대 진정한 여성 노벨 문학상 수상자

시 일 월 년	[대운]	57	47	37	27	17	7
기 신 정 경		신	임	계	갑	을	병
축 해 해 술		사	오	미	신	유	술

한 강 작가는 득령을 못하고 겨울 초에 태어났으니 신약하여 토금으로 생조받는 것이 좋고 토가 와도 토생금, 금생수로 생조가 되니 괜찮다. 또한 천

간으로 갑을 목이 오더라도 갑기합토, 을경합금되니 흉변위길되고 임계수운
이 오더라도 정임합거되거나 정계충되며 지지로 인묘가 오더라도 인술합화,
묘술합화되어 기신이 제거되니 지기로 오는 수운만 제외하고 평생 좋은 운
복을 타고났다. 대표작으로 〈채식주의자〉, 〈소년이 온다〉, 〈작별하지 않
는다〉를 저술하였는데 과연 이런 사주팔자라면 최고의 행운을 노려볼 만하
다는 생각이 든다. 1992년 유대운에 임신년 정임합하니 윤동주 문학상을 수
상하였다. 2005년 신대운 말 을유년에 을경합금되니 이상문학상을 수상하였
다. 2016년 미대운말 병신년에 병신합수 되니 영국에서 부커상을 수상하였
다. 마지막으로 최고권위의 노벨상을 2024 오대운 갑진년 갑술월에 수상하
였다. 화생토, 토생금에 갑기합화토로 토생금되니 일간이 힘을 받아 경사가
생긴 것이다.

지지의 수운만 제외한다면 평생 좋은 운복을 타고 났고 중간에 대길운을
맞아 노벨문학상을 수상하였다.

사주용어해설

1. **구신, 기신, 한신, 희신**

   기신은 아니나 두려운 기운이 구신이고 기신은 자신에게 해로우니 피하고자 하는 기운이다. 한신은 있으나 없으나 길흉에 영향이 거의 없는 기운이고 희신은 용신을 돕는 기운이다.

2. **개고**

   진, 술, 축, 미중의 토가 열려 지장간 속에 들어있던 오행이 천간으로 노출되는 경우이다.

3. **관인상생**

   관성이 인성을 생하는 것으로 신약사주에서 관인상생이 되면 일간이 힘을 얻어 복이 된다.

4. **귀문관살**

   이 살이 들면 정신적으로 이상증상이 나타난다.

5. **금여록**

   왕족내지 귀족에게 많으면 재복과 남녀인연이 좋은 길신이다.

6. **괴강살**

   무진, 무술, 경진, 임술, 임진으로 독특한 사고방식과 극단적 성향이 있으며 우두머리 기질이 강하다. 사주구조가 좋다면 대부대귀를 이룰 수 있다.

7. **득령과 실령**

월지가 일간과 같은 기운이나 생하는 인성의 계절에 출생한 경우가 득령이고 반대의 경우가 실령이다. 월지가 가정이라면 형제자매나 어머니의 힘을 얻고 있는 경우이다.

8. **도화살**

   일종의 끼라 하겠으며 이성에게 매력을 발산하는 성향이다.

9. **백호살**

   해당 육친이 피를 흘리고 생명이 위태롭게된다는 흉살로 갑진, 을미, 병술, 정축, 무진, 임술, 계축이 해당된다.

10. **시상편관일위**

    시주 천간에 편관 한개가 자리잡고 있는 경우로 대귀할 팔자이다. 지지에만 한글자가 위치해도 귀를 얻을 수 있다.

11. **암합**

    천간자와 지지의 지장간이 합하거나 지지 두글자의 지장간끼리 합하는 경우이다. 임오일주라면 천간임과 지지 오중 정화가 정임합으로 암합한다고 한다.

12. **육친**

    혈연관계에 있는 직계가족, 친척, 인척을 말한다.

13. **원진살**

    별다른 이유없이 서로 미워하고 원망하는 것으로 심하게 싸운다.

14. **종격사주**

    한가지 오행의 세력이 팔자를 장악하고 있어 일간이 왕한 세력에 종해야 하는 구조이다.

15. 중화사주

    일간을 생조하는 힘과 빼는 힘이 균형을 이루어 운세의 변화에 크게
    영향받지 않는다.

16. 중약 또는 중강사주

    중화에 가까운 상태로 신약보다 약간 세고 신강보다 약간 약하다.

17. 천을귀인

    사주에서 최고의 길신으로 자신을 크게 도와준다. 갑, 무, 경은 〈축,
    미〉 을, 기는 〈자, 신〉, 병, 정은 〈해, 유〉, 임, 계는 〈사, 묘〉가 천
    을귀인이다.

18. 통근

    천간의 오행이 지지에 뿌리를 내리고 있다는 뜻으로 같은 오행이 지장
    간중에 있을 때이다.

19. 투출이나 투간

    지지의 성분이 천간에 동일한 오행으로 나타났을 때를 이른다. 가령
    술중 정화가 있는데 천간에 병화가 보이면 투출한 것이다.

20. 협록

    건록지를 사이에 두고 전후 두글자가 붙어있는 경우이다. 즉 갑의 건
    록이 인인데 앞의 축과 뒤의 묘가 지지에 붙어있으면 협록이 된다.

21. 형살

    형벌과 관련되는 살로 손재, 파손, 사고, 수술, 재난, 투옥, 소송 등의
    사건이 일어난다.

[참고사항]

목다화식- 목기가 많으면 불이 꺼진다.

목다금결- 목기가 많으면 금이 갈비 긴다.

금자목절- 금이 많으면 목이 잘려진다.

금다토박- 금기가 많으면 토가 허약해진다.

금다수탁- 금기가 많으면 물이 흐려진다.

수다토류- 수기가 많으면 토가 흩어진다.

수다목부- 수기가 많으면 목이 물에 뜬다.

토다목절- 토기가 많으면 목이 부러진다.

토다화회- 토기가 많으면 불이 어두워진다.

화다목분- 화기가 많으면 목이 타서 재가 된다.

화다수증- 화기가 많으면 물이 증발한다.

화다토조- 화기가 많으면 토가 조열해진다.

- 원국의 그릇이 부족한데 갑자기 고관대작으로 승진하면 급전직하로 몰락하기 쉽다.
- 용신운에도 원국과 합이 발생하여 기신화 될 수 있다.
- 합충에 따라 길흉의 변화가 심하게 올 수 있다.
- 종격은 운세가 상승할 때는 급격히 출세하나 건강상 문제나 불운으로 갑자기 생사가 위태로워질 수 있다.
- 부귀와 장수는 동시에 달성이 어렵고 한 가지만 얻어도 좋은 인생이다.
- 일지의 향방은 자신과 배우자의 운명이 결정되는 자리이다.

- 천간합의 경우 예를 들자면 병신합화수가 원칙이지만 팔자의 세력이 화기로 뭉쳐있다면 병신합화화도 가능하다.
- 아무리 원국이 훌륭하더라도 대운이 호응하지 않는다면 되는 일이 별로 없고 성공하기가 어렵다.
- 사주는 운세의 큰 흐름을 벗어날 수 없다는 것이지 작은 반경에서 노력하면 얼마든지 소부소귀는 가능하다.
- 스스로 운명을 달리하는 사람들은 정신력의 강, 약에 좌우되는 것이 아니라 우울증과 극단적 성향을 가지고 있거나 흉살을 이겨내지 못한 것이다.
- 이 책은 초심자에게 용어도 생소하고 논리전개가 어려울 수 있으나 노력만 기울이면 얼마든지 이해 가능하다. 한꺼번에 모든 것을 통달하려 하지 말고 자신의 수준만큼 이해한 다음 점차 이론을 학습하고 임상 경험을 해보면 실력자가 될 수 있다.

자신의 운명을 아는 원리

초판   1쇄 발행 2025년 2월 15일

저자   김중구

펴낸이   김영근

편집   김영근, 최승희, 한주희

펴낸곳   마음 연결

주소   경기도 수원시 팔달구 인계로 120 스마트타워 1318

이메일 nousandmind@gmail.com

출판사 등록번호 251002021000003

ISBN 9791193471432

값 20000